Pierre Bourdieu/Claude Debons/
Detlef Hensche/Burkart Lutz u.a.
Perspektiven des Protests

Ausgangspunkt dieser Publikation war das 3. Forum des Hessischen DGB am 7. Juni 1997 in Frankfurt am Main zum Thema »Protest ohne Alternativen? Für einen europäischen Wohlfahrtsstaat – gegen ein neoliberales Europa«, an dem weit über 300 Kolleginnen und Kollegen teilnahmen. Bei den ersten fünf Beiträgen dieses Bandes handelt es sich um die überarbeitete Fassung der dort gehaltenen Referate. Die übrigen Autoren sind Mitarbeiter der »Initiative neue soziale Politik«, die die Veranstaltung mit vorbereitete. Der Abdruck des Interviews mit Pierre Bourdieu erfolgt mit freundlicher Genehmigung der *Frankfurter Rundschau*.

Heinz Bierbaum ist Professor im INFO-Institut an der Hochschule für Technik und Wirtschaft in Saarbrücken.
Joachim Bischoff ist Redakteur der Monatszeitschrift *Sozialismus* in Hamburg.
Pierre Bourdieu ist Professor für Soziologie am Collège de France in Paris.
Claude Debons ist Gewerkschaftssekretär in der FGTE-CFDT in Paris.
Frank Deppe ist Professor für Politikwissenschaften an der Philipps-Universität Marburg.
Richard Detje ist Redakteur der Monatszeitschrift *Sozialismus* in Hamburg.
Detlef Hensche ist Vorsitzender der Industriegewerkschaft Medien – Druck und Papier, Publizistik und Kunst in Stuttgart.
Dieter Hooge ist Vorsitzender des DGB-Landesbezirks Hessen in Frankfurt am Main.
Burkart Lutz ist Professor für Soziologie am Institut für Sozialwissenschaftliche Forschungen in München und im Zentrum für Sozialforschung an der Martin-Luther-Universität Halle-Wittenberg.
Helmut Schauer ist Gewerkschaftssekretär in der Vorstandsverwaltung der IG Metall in Frankfurt am Main.
Hans-Jürgen Urban ist Gewerkschaftssekretär in der Vorstandsverwaltung der IG Metall in Frankfurt am Main.

Pierre Bourdieu/Claude Debons/
Detlef Hensche/Burkart Lutz u.a.
Perspektiven des Protests
Initiativen für einen europäischen Wohlfahrtsstaat

VSA-Verlag Hamburg

Titelfoto: Demonstration gegen die Schließung des Renault-Werkes Vilvoorde (Belgien) am 16.3.1997 in Brüssel. An der Demonstration nahmen mehr als 50.000 Menschen aus verschiedenen Ländern der EU teil. (Foto: Herwig Vergult, epa/dpa)

Der Beitrag von Pierre Bourdieu wurde von Jürgen Bolder, der Beitrag von Claude Debons von Franz Hector aus dem Französischen übersetzt.

Wir danken Manfred Balder, Ulrike Nordmann, Edwin Schudlich, Franz Schultheis und Margareta Steinrücke für die Unterstützung bei der Realisierung dieses Projektes.

Gedruckt auf Recyclingpapier mit 100% Altpapieranteil

Druck und Buchbindearbeiten: Druckerei Runge GmbH, Cloppenburg
ISBN 3-87975-697-x

Inhalt

Dieter Hooge
Protest ohne Alternativen? 7
Für einen europäischen Wohlfahrtsstaat –
gegen ein neoliberales Europa

Pierre Bourdieu
Die fortschrittlichen Kräfte 11

Burkart Lutz
**Der Neoliberalismus ist nicht die Lösung,
sondern Teil der Krise** 26

Detlef Hensche
**Der soziale Protest in Deutschland
und die Rolle der Gewerkschaften** 34

Claude Debons
**Der soziale Protest in Frankreich
und die Rolle der Gewerkschaften** 45

Helmut Schauer
Protest und Verwirrung 51

Frank Deppe
**Die Linke und das Projekt
des europäischen Sozialstaates** 65

Hans-Jürgen Urban
**Vom schwierigen Projekt
einer proeuropäischen Europakritik** 77
Anmerkungen zur Debatte um ein soziales Europa

Heinz Bierbaum
Wirtschaftspolitische Optionen in der Europapolitik 89

Joachim Bischoff/Richard Detje
Die Ideologie der zweiten Moderne: Globalisierung 99

»Die Zukunft Europas hängt von den Deutschen ab« 114
Pierre Bourdieu über die Siege der Linken,
die Auferstehung sozialer Utopien und
das Schweigen der Intellektuellen

Initiative neue soziale Politik
Für eine neue europäische Gewerkschaftsdebatte 124

Dieter Hooge

Protest ohne Alternativen?

Für einen europäischen Wohlfahrtsstaat –
gegen ein neoliberales Europa

Der kurze Wahlkampf in Frankreich in den Monaten April und
Mai stand ganz im Zeichen der Europapolitik. Wie schon am 1.
Mai in England sprach sich auch in Frankreich eine große Mehrheit gegen den neoliberalen Durchmarsch auf nationaler Ebene
und in Europa aus. In fast allen Ländern Europas entzieht die
Bevölkerung der »Europäischen Idee«, die einmal für ein friedli-
ches, demokratisches und soziales Europa stand, zunehmend das
Vertrauen. Die Werbefeldzüge der politischen Eliten für die Europäische Währungsunion stoßen bei der überwältigenden Mehrheit der Menschen in Europa auf Unverständnis und Ablehnung.
Sie mißtrauen dem Versprechen, daß Deregulierung mehr Wachstum und in der Folge mehr Beschäftigung bringe; sie befürchten
vielmehr den weiteren Verlust von Arbeitsplätzen und den Abbau
sozialer Standards.

Nach der Ratifizierung der Maastrichter Verträge klangen die
Versprechen der europäischen Regierungschefs vollmundig: Bundeskanzler Kohl wollte die Arbeitslosigkeit in Deutschland bis
zum Jahr 2000 um die Hälfte reduzieren; für den spanischen Mi-
nisterpräsidenten Aznar ist 1997 gar das »Jahr der Arbeitsplätze«; Präsident Chirac trat 1995 mit dem Wahlversprechen vor die
Wählerinnen und Wähler, die »fracture sociale«, die soziale Spaltung, zu überwinden und die Schaffung von Arbeitsplätzen »zur
Priorität der Prioritäten« zu machen.

Die Wirklichkeit sieht anders aus: Deutschland bricht mit 4,5
Miollionen Arbeitslosen zu Beginn dieses Jahres alle Nachkriegs-
rekorde, in Spanien ist jeder zweite Jugendliche unter 25 Jahren
arbeitslos, und Frankreich steuert auf die 3 Millionen Arbeitslose
und eine Arbeitslosenquote von 13% zu. In Europa, dem reich-
sten Erdteil dieser Welt, leben fast 20 Millionen Menschen ohne
Arbeit und 55 Millionen unter der Armutsgrenze.

Vom »Europa der Bürger«, so die Überschrift eines Kapitels in den Maastricht-Verträgen, und von einem europäischen Wohlfahrtsstaat sind wir heute sehr weit entfernt. Es dominiert das »Europa des Kapitals«, das bislang fast unbehindert sein neoliberales Projekt vorantreiben konnte. Doch die gesellschaftlichen Kosten und sozialen Folgen des Neoliberalismus mit seinen Sparorgien werden in den Ländern Europas immer deutlicher. Während die neoliberalen Eliten die Ergebnisse der Politik der »Härte« und stabile Währungen mit niedrigen Inflationsraten – unbeeindruckt von der sozialen Verarmung – als Erfolge feiern, fragen sich die Bürgerinnen und Bürger, was ihnen eine harte Währung nützt, wenn von ihr immer weniger in ihren Portemonnaies übrig bleibt.

Die monetaristische Ideologie mit ihrem Stabilitätsfetisch hat Pierre Bourdieu als »Idee Tietmeyer« bezeichnet. Er und andere französische Intellektuelle haben maßgeblichen Anteil daran, daß sich die gegenwärtigen Debatten um die Zukunft Europas nicht auf den Sinn oder Unsinn von Konvergenzkriterien und -berechnungen beschränken, sondern daß die gesellschaftspolitische Dimension des europäischen Einigungsprozesses mitgedacht wird. Bourdieu hebt die eindimensionale, auf die ökonomische Logik reduzierte Debatte um den Euro hervor und fordert die Emanzipation der politischen von der ökonomistischen Sichtweise.

Die Propheten und Enzykliken des Neoliberalismus wollen uns weismachen, daß das Heil in der – neoliberalen – Ökonomie liege und politische Entscheidungen einflußlos blieben. Die Bundesregierung und die deutsche Bundesbank wollen keinen politisch und demokratisch legitimierten Einfluß auf künftige Entscheidungen für eine europäische Wirtschafts- und Geldpolitik; dies betrachten sie als Anschlag auf die jahrelang gepflegte »Stabilitätskultur«. Der Zynismus dieser Wortschöpfung liegt offen zutage. Stabil ist bei uns nur eines: die monetaristische Geldpolitik. Während in unseren »blühenden Landschaften« die Stabilitätspflänzchen gehegt und gepflegt werden, wuchert daneben Armut, Arbeitslosigkeit und soziale Desintegration.

In Frankreich erinnert man derzeit an ein berühmt gewordenes Wort von Marie Antoinette, das sie seinerzeit an die Hungernden von Paris richtete, die vor den Toren von Versailles für Brot demonstrierten. Sie rief ihnen entgegen: »Wenn ihr kein Brot habt, warum eßt ihr dann nicht Kuchen?« Dieser Satz auf die Gegenwart übertragen könnte lauten: »Wenn ihr keine Arbeit habt, warum bewundert ihr dann nicht unsere niedrigen Inflationsraten?«

»Der Neoliberalismus ist nicht die Lösung, sondern Teil der Krise«, schreibt Burkart Lutz. Er hat in seinem Buch »Der kurze Traum immerwährender Prosperität« die hohen Wachstumsraten nach dem Zweiten Weltkrieg als Ergebnis einer einmaligen historischen Konstellation analysiert und deren Krise beschrieben, die wir nun erleben. Er hält »politischen Steuerungsbedarf« für unabdingbar, wenn die Krise nicht in »einer schnellen Zerstörung oder in einen langsamen Verfall der ökologischen, ökonomischen und gesellschaftlichen Lebensbedingungen und Lebensverhältnisse münden« soll.

Diese Problematik findet sich in der Fragestellung – »Protest ohne Alternativen?« – wieder. Darauf bezogen kann festgestellt werden, daß in den vergangenenen Jahren die Protestbewegung – ausgehend von Gewerkschaften, Arbeitslosenverbänden, Kirchen und anderen Organisationen – an Kraft gewonnen hat und der Widerstand gegen die neoliberalen Zwänge und Zumutungen weiter wächst. Diese Thematik vertiefen Detlef Hensche, Vorsitzender der IG Medien, und Claude Debons, stellvertretender Generalsekretär der FGTE-CFDT und Organisator des Lastwagenfahrerstreiks vergangenen Jahres in Frankreich.

Die Diskussionen und Auseinandersetzungen über die Politik in Europa scheinen endgültig die Insiderzirkel aus Politik, Wirtschaft und Wissenschaft verlassen zu haben. Die großen Streiks in Frankreich im Dezember 1995 waren der Auftakt und der erste »Aufstand gegen Globalismus und ein monetäres Europa«. Es folgten Proteste in Spanien, Belgien und Italien gegen Rentenkürzungen und Sozialabbau. Die massiven Widerstände gegen die Kürzungen der Lohnfortzahlung im Krankheitsfall in Deutschland, die Proteste der Kohlekumpels, Stahlarbeiter und Bauarbeiter müssen ebenfalls in diesem Licht betrachtet werden.

Die Repolitisierung der Unzufriedenheit und der Zukunftsängste vieler Menschen in Europa, die sich in den Massenprotesten ausdrückt, auch in den Euromärschen hin zur Großkundgebung in Amsterdam am 14. Juni, ist bereits ein erster Erfolg. Ein Großteil der Bevölkerung Europas ist nicht mehr gewillt, die Alternative »Liberalismus oder Barbarei« – wie es Pierre Bourdieu formuliert hat – hinzunehmen. Die Kolleginnen und Kollegen der IG Metall haben beim Stahlarbeiterprotest am 25. März 1997 vor den Türmen der Deutschen Bank in Frankfurt der sozialen Bewegung in Frankreich ein nettes Kompliment gemacht, als sie auf einem Transparent kurz und treffend ihr Motto formulierten: »Lieber französische Zustände als amerikanische Verhältnisse«.

Die sozialen Auseinandersetzungen, die Interventionen von Intellektuellen, die Rückgewinnung der politischen Sprache bereiten den Boden, um Alternativen formulieren zu können. Diese reichen von politisch bindenden Beschäftigungskapiteln in den Maastricht-Verträgen über sozial- und arbeitsmarktpolitische Konvergenzkriterien bis hin zum Memorandum von europäischen Wirtschaftswissenschaftlern, die ein breit angelegtes Beschäftigungsprogramm und eine Beschäftigungspolitik in der Europäischen Union fordern. Die Rede von der »einzig möglichen Politik« ist nicht mehr länger glaubwürdig, und sie kann angesichts der sozialen Krise in ganz Europa nicht mehr länger Bestand haben. In Zukunft wird es schwieriger sein, Alternativen als realitätsfern zu denunzieren. Dies ist ein erster Erfolg.

Das Motto des gewerkschaftlichen europäischen Aktionstages war »Europe must work«. Die Doppeldeutigkeit bringt es auf den Punkt: Europa wird nur funktionieren, wenn es für seine Bevölkerung zum Synonym für Beschäftigung und soziale Sicherheit wird. Europa wird nur dann ein »Europa der Bürger« werden, wenn der »Idee Tietmeyer« ein soziales Europa entgegengesetzt werden kann, in dem das politische Handeln den Bürgerinnen und Bürgern, den Arbeitnehmerinnen und Arbeitnehmern zurückgegeben wird und in dem wir die Eindimensionalität des neoliberalen Ökonomismus überwinden.

Pierre Bourdieu

Die fortschrittlichen Kräfte

Ich bin froh und stolz, am Forum des hessischen DGB teilnehmen zu können, und möchte Herrn Hooge, der mich mit so großer Freundlichkeit empfangen hat, für die Einladung und für seine warmherzigen Begrüßungsworte danken.

Ich bin mir der großen Verantwortung, die ich habe, bewußt. Die Länder Europas stehen heute an einem Wendepunkt ihrer Geschichte, und es hängt alles davon ab, was sie tun werden. Sie können in Wiederanknüpfung an die Tradition der Aufklärung (im Original deutsch, d.Ü.) – ein deutsches Wort, in dem eine französische Idee ihren Ausdruck gefunden hat – die Zivilisation auf eine neue Grundlage stellen. Und sie können – wie ich es auf eine Weise formuliert habe, die überzogen geklungen haben mag – in der Barbarei versinken. Die sozialen Bewegungen, die, wie bei einem Schwerpunktstreik, bald hier, bald da, erst hier, dann dort in Europa, aber auch anderswo, bis nach Korea, zu beobachten sind, die offenbar ohne wirkliche Koordination in Deutschland, in Frankreich, in Italien, in Griechenland usf. aufeinander folgen, sind allesamt Revolten gegen eine Politik, die zwar in den einzelnen Ländern unterschiedliche Formen annimmt, aber gleichwohl stets von derselben Absicht getragen wird. Es sollen die sozialen Errungenschaften, die – was auch immer behauptet werden mag – zu den höchsten Errungenschaften der Zivilisation zählen, abgeschafft werden. Wo es darauf ankäme, sie zu universalisieren, sie über den ganzen Erdkreis zu verbreiten, wird stattdessen die Konkurrenz der wirtschaftlich und sozial weniger fortgeschrittenen Länder als Vorwand benutzt, diese Errungenschaften grundsätzlich in Frage zu stellen.

Ihre Verteidigung ist völlig legitim, auch wenn dies von einigen als eine Form von Konservatismus oder Archaismus hingestellt wird. Wer verfiele denn im Ernst auf den Gedanken, die Verteidigung der kulturellen Errungenschaften der Menschheit – Kant oder Hegel, Mozart oder Beethoven – als Konservatismus zu verurteilen? Die sozialen Errungenschaften, von denen ich spreche, soziale Sicherheit, Recht auf Arbeit usf., für die Männer und Frauen gekämpft und gelitten haben, sind ebenso große und kostbare Errungenschaften wie die philosophischen Werke, die in Bibliotheken und Schulen, oder die musikalischen Werke, die in Konservatorien und Konzertsälen mit religiöser Ehrfurcht bewahrt und gepflegt werden. Nur daß sie, anders als diese, nicht nur in Museen und Akademien fortleben, sondern im Leben der Menschen lebendig und wirksam sind und deren alltägliches Dasein bestimmen. Darum kann ich mich eines Gefühls der Empörung angesichts jener Intellektueller nicht erwehren, die sich zu Verbündeten der brutalsten ökonomischen Kräfte machen, indem sie den Stab über diejenigen brechen, die mit der Verteidigung ihrer mitunter als bloße Privilegien denunzierten Errungenschaften die Errungenschaften aller Männer und Frauen in Europa und anderswo verteidigen.

Der Einwurf, den ich vor einigen Monaten an Herrn Tietmeyer gerichtet habe (oder vielmehr an das, was ich in Analogie zu dem, was zu anderer Zeit als Mao-Tse-Tung-Denken bezeichnet wurde, das Tietmeyer-Denken genannt habe), ist häufig mißverstanden worden. Und zwar deshalb, weil man ihn als Antwort auf eine falsch gestellte Frage verstanden hat – falsch gestellt insofern, als in eben der Logik neoliberalen Denkens gestellt, auf das Herr Tietmeyer sich beruft. (Und wenn es vielleicht so ausgesehen hat, als sei ich auf Herrn Tietmeyer losgegangen, so denke ich, daß er Format genug hat, meinen Angriffen standzuhalten. Habe ich doch gelesen, daß er sich selbst, in aller Bescheidenheit, mit einer »westfälischen Eiche« vergleicht, die sich im Wind wohl leise bewegt, aber allen Stürmen trotzt.) Die zentrale Annahme dieses Denkens ist, daß die monetäre Integration Europas, symbolisiert durch den Euro, die unerläßliche Voraussetzung, die sowohl notwendige wie zureichende Bedingung für die politische Integration Europas darstellt. Oder daß, in anderen Worten, die politische Integration Europas notwendig, unvermeidlich auf die wirtschaftliche Integration folgt. Was impliziert, daß es dann so erscheint, als ob derjenige, der sich der monetären Integrationspolitik und ihren Protagonisten, wie Herrn Tietmeyer, widersetzt, sich der politischen Integration widersetzte, als ob er, kurz gesagt, »gegen Europa« sei.

Davon kann selbstverständlich keine Rede sein. Was hier in Wirklichkeit zur Diskussion steht, ist die Rolle des Staates (die der gegenwärtig existierenden Nationalstaaten wie die des zu schaffenden europäischen Staates). Es geht, vor allem was die

Wahrung der sozialen Rechte betrifft, um die Rolle des Sozialstaates, der allein imstande ist, die unerbittlichen Mechanismen einer sich selbst überlassenen Ökonomie zu konterkarieren. Von der monetären Integration ist gerade nicht zu erwarten, daß sie die soziale Integration sicherstellt. Ganz im Gegenteil, einzig ein europäischer Sozialstaat wäre in der Lage, den desintegrativen Tendenzen der monetären Ökonomie entgegenzuwirken.

Herr Tietmeyer und die Neoliberalen wollen freilich weder Nationalstaaten, in denen sie bloße Hindernisse für das freie Funktionieren der Wirtschaft sehen, noch, a fortiori, einen supranationalen Staat, den sie vielmehr auf eine Bank reduzieren wollen. Genauer gesagt: Wenn sie sich der Nationalstaaten oder des Ministerrates durch deren Entmachtung entledigen wollen, dann bestimmt nicht, um einen supranationalen Staat zu schaffen, der ihnen, namentlich im sozialen Bereich, die Zwänge mit vermehrter Autorität auferlegen würde, derer sie sich um jeden Preis entledigen wollen.

Gegner einer allein auf einer einheitlichen Währung basierenden europäischen Integration zu sein, heißt keineswegs, Gegner der politischen Integration Europas zu sein. Ganz im Gegenteil: Es heißt, die Schaffung eines europäischen Staates zu fordern, weil nur der imstande wäre, eine wirksame Kontrolle über die Bundesbank auszuüben und die zu antizipierenden sozialen Auswirkungen unter Kontrolle zu bringen, die eine auf ihre rein monetäre Dimension reduzierte Union haben müßte, wie die neoliberale Philosophie sie will, die alle Überreste des (Sozial-)Staates als ebensoviele Hindernisse für das harmonische Funktionieren der Märkte zu tilgen gedenkt.

Die Globalisierung als Mythos

Im Kampf um die ungeteilte Herrschaft dessen, was man Markt nennt, d.h. des Geldes, ist die »Theorie« der »Globalisierung« die zentrale symbolische Waffe. Diese »Theorie« ist ein überaus wirksamer Mythos, und er ist es zum Teil deshalb, weil er sich mit dem Schein der Vernunft umgibt. Er ist dazu bestimmt, die Zerstörung des Staates (oder zumindest die grundsätzliche Infragestellung einiger seiner Funktionen) durch eine Politik zu rechtfertigen, die alle Schranken des freien Spiels der nationalen und internationalen Finanzkräfte beseitigen will. Ermöglicht worden ist diese Politik durch eine jahrelange, im Rahmen von *think-tanks,* von Zeitschriften, Klubs und Vereinigungen von Unternehmern, Intellektuellen und Journalisten vielfach in methodischer und organisierter Form erfolgende Bearbeitung der Öffentlichkeit. Sie hat einen wahrhaft kollektiven Glauben hervorgebracht, einen ganzen Komplex allgemein geteilter Selbstverständlichkeiten, die in die Automatismen der Sprache eingelassen sind. Heute ist die neoliberale Sicht allgegenwärtig. Und vor allem das Vokabular, das die Kommentatoren und insbesondere die Journalisten gedankenlos verwenden, um die Welt zu erklären, ist von ihr geprägt – wie etwa das Bild vom »globalen Dorf«, mit dem auf die wechselseitige Durchdringung der nationalen wirtschaftlichen und politischen Systeme verwiesen werden soll.

Dieser »Jargon der Globalität«, um es in Anknüpfung an Adorno zu formulieren, hat nach und nach die Geister durchtränkt. Er ist bis ins Innerste der beherrschten Klassen der europäischen Nationen vorgedrungen und hat dort einen ökonomistischen Fatalismus, eine angesichts des ökonomischen Kräftetreibens mehr oder minder verzweifelte Resignation um sich greifen lassen, die zur Entpolitisierung und Demobilisierung führt. Alle wirtschaftlichen und sozialen Übel der europäischen Länder, die Fabrikschließungen, die Entlassungen, die Arbeitslosigkeit usf., werden der Konkurrenz der Entwicklungsländer zugeschrieben. Und die Erfordernisse des Wettbewerbs mit Ländern, wo man keinen Mindestlohn kennt, wo die Arbeiter zwölf Stunden pro Tag für ein Viertel oder ein Fünftel des in Europa gezahlten Lohns arbeiten, wo es keine Gewerkschaften gibt und Kinderarbeit an der Tagesordnung ist, zwängen dazu, den europäischen Arbeitern mehr »Flexibilität« aufzuerlegen, d.h. Nachtarbeit, Arbeit am Wochenende, unregelmäßige Arbeitszeiten usf. Es ist, in einem Wort, die »Globalisierung«, in deren Namen man den Wohlfahrtsstaat und seine Politik der sozialen Sicherheit zu Grabe tragen will, um immer niedrigere Löhne und zunehmend flexiblere Tarifverträge durchzusetzen.

So ist die »Globalisierung« nur ein Mythos, der es gestattet, einer bestimmten Richtung der zukünftigen wirtschaftlichen Entwicklung – nämlich der von den Herrschenden gewünschten – allen Anschein von Unausweichlichkeit zu verleihen. Der Mythos der Globalisierung erlaubt es, die konservative Weltsicht in Schicksal zu transformieren. Die Originalität dieses Diskurses besteht darin, daß er das als Befreiung, als Entwicklung zu mehr Freiheit darstellt (er spricht von »Deregulierung«, von »Elastizität«, von »Flexibilität« usf.), was nichts anderes ist als eine als unvermeidlich, als schicksalhaft dargestellte Rückkehr zum wilden Kapitalismus, zum Kapitalismus ohne Schranken, zum Kapitalismus der Anfänge.

Als wahrhafte *konservative Revolution* dreht er die klassischen politischen Gegensätze um, indem er politische Maßnahmen für freiheitlich und fortschrittlich ausgibt, die in Wahrheit konservativ und reaktionär sind. Er erklärt und macht glauben, daß Vernunft und Modernität, aber auch Bewegung und Veränderung auf Seiten der Regierungen, der Minister, der Unternehmer und Experten sind, Unvernunft und Archaismus hingegen auf Seiten des Volkes, der Gewerkschaften und der kritischen Intellektuellen. In Frankreich ist seit der Bewegung von '95 die Politik der Gewerkschaften von der überwiegenden Mehrheit der Journalisten, unterstützt von einem Gutteil der Intellektuellen, als altertümlich hingestellt worden. Und ich habe beobachten können, daß die deutsche und amerikanische Presse die französische Reaktion auf den konservativen Neoliberalismus noch in diesen Tagen als schlichtweg reaktionär abqualifiziert.

Die Durchschlagskraft dieser Darstellung kann man freilich nicht erklären, wenn man einfach nur auf ihren konservativen Charakter abhebt. Ihre Wirksamkeit verdankt sie vielmehr dem Umstand, daß sie – wiewohl im strikten Sinne konservativ, auf die Restauration der ältesten und archaischsten Formen der Arbeits- und Ausbeutungsverhältnisse ausgerichtet – sich unter dem äußeren Anschein des Modernismus darbietet. Ihr gelang es, als Gipfel der Modernität zu gelten – ein wenig so, wie die typischste kommerzielle Kultur von Coca-Cola, MacDonalds und Jeans hier und da zum Objekt von Snobismus werden kann. Dieser Konservatismus kleidet sich in das Gewand der Modernität und in das der Rationalität, zumal das der Mathematik als Form par excellence von Rationalität. Der Neoliberalismus ist in der Tat eine rationale Religion, die zumindest dem Anschein nach in einer rationalen Sicht der Welt wurzelt.

Die Verwendungsweisen des überaus vieldeutigen Wortes Markt verdecken einen politischen Taschenspielertrick. Die Leistung der mathematischen Theorie des Marktes, die mit der Realität des Marktes, und insbesondere dessen, was man Finanzmärkte nennt, ungefähr soviel zu tun hat wie das Sternbild des Hundes mit dem bellenden Hund auf der Straße, besteht hier darin, daß sie der Gleichsetzung zweier Freiheitsbegriffe die Autorität der Wissenschaft – und die der sozial mächtigen Korporation der Ökonomen, der wahren Theologen unserer Zeit – verleiht: der Gleich-

setzung der als wirtschaftliches laissez faire, als freie Machtaus-
übung des Geldes verstandenen Freiheit und der als Grundlage
der Demokratie begriffenen Freiheit. (Hier liegt, nebenbei be-
merkt, einer der Gründe dafür, daß die Wissenschaftler sich in
den Kampf einmischen müssen – wie ich es hier auf die Gefahr
des Anscheins hin tue, ich ließe es an der dem Forscher gebote-
nen »axiologischen Neutralität« fehlen –, in diesen Kampf, in
dem die Forscher, die wirklichen wie die vorgeblichen, den theo-
retisierenden Bankiers wie Herrn Tietmeyer die Unterstützung
ihrer Theorie-Bataillone leihen.) Das Prinzip des letzten Zwecks
der wirtschaftlichen und sozialen Ordnung, das uns die Hohen
Priester des Marktes (die leichtes Spiel haben, die sowjetische
Karikatur des Sozialismus als Kontrastfolie zu benutzen) unter-
breiten, ist nicht die Freiheit und Gleichheit in der Produktion
und Distribution des Reichtums, bei der dem Staat obliegenden
Verwaltung der zur Befriedigung der elementaren Bedürfnisse
der größten Zahl bestimmten öffentlichen Dienste. Es ist vielmehr, wie es der Logik eines Sozialdarwinismus entspricht, der
Triumph der Bestangepaßten: Wie auf dem Markt die besten Produkte sich durchsetzen, so fällt im Wettbewerb zwischen den
Akteuren oder den Unternehmen der Erfolg notwendig den Besten zu, *the best and the brightest,* d.h. denjenigen, deren *Kompetenz* durch die schulischen Titel verbürgt ist. Dieser Sozialdarwinismus ist die Spontan-Sozialphilosophie der großen internationalen Führer, der Finanzgewaltigen, der Generaldirektoren, der
Politiker, der Ökonomen, derjenigen, die in den Medien das Sagen haben usf., die in diesem zynischen Neodarwinismus die beste Rechtfertigung ihres Privilegs finden.

Auf dem Weg über das Schulsystem, dessen Effekte ich ausführlich analysiert habe, und von dem sich, um es kurz zu machen, sagen läßt, daß es (ausgehend von der »Begabungs«-Ideo-
logie) als *intelligent* die Kinder der ökonomisch und kulturell
begünstigten Familien weiht, zwingt diese Religion der Kompetenz sich auch den Beherrschten auf. Und es gelingt ihr, diejenigen, die man die »Ausgeschlossenen« nennt, davon zu überzeugen, daß sie für ihren Ausschluß verantwortlich sind – man ist in
den Interviews immer wieder erstaunt zu sehen, bis zu welchem
Grad sie sich die Verantwortung für ihr Schicksal selbst zuschreiben. Es hat so den Anschein, daß sie nicht, wie im 19. Jahrhundert, wegen moralischer Mängel, wegen ihrer Immoralität, sondern wegen intellektueller Defizite, wegen ihres Mangels an Intelligenz ausgeschlossen werden. Auch das trägt dazu bei, der

fatalistischen Unterwerfung unter eine Wirtschaftsordnung Vorschub zu leisten, die von und für die »Kompetentesten« geschaffen ist.

Um die gesellschaftliche Wirksamkeit dieser Religion des Marktes und der Produktivität zu erklären, genügt indes nicht der Verweis auf die Interessen derjenigen, die von der sozialen Ordnung, so wie sie ist, profitieren und denen sie, um mit Max Weber zu sprechen, eine »Soziodizee ihrer Privilegien« liefert. Man muß auch sehen, daß sie, wie Durkheim zufolge jede Religion, ein »wohlfundierte Illusion« ist, nicht jeder Grundlage in der Wirklichkeit bar (*cum fundamento in re*).

Ich will nur an einige Fakten und Tendenzen erinnern, auf die die Propheten der »Globalisierung« sich berufen können. Zunächst das mit dem Wegfall von Schutzzöllen und der Senkung von Transportkosten verbundene wirkliche Zusammenwachsen bestimmter Märkte. Ein Teil der Entwicklungsländer, jener mit gewachsenen Produktionskapazitäten und einem Europa vergleichbaren Lohnniveau, haben ihre Exporte in die OECD-Länder steigern können: von 5% Mitte der 60er Jahre auf gegenwärtig 15%. Dann, und das ist wichtiger, die reale Vereinigung der Finanzmärkte. Das Finanzkapital, der mobile Faktor schlechthin, fließt rapide aus den Ländern mit einer für die »Märkte« weniger günstigen Politik in die jeweils anderen ab, und es bildet sich ein globaler Finanzmarkt aus den Kapitalströmen heraus, die auf die unterschiedlichen Profitraten reagieren. (Die Spekulationsattacken der großen Kapitalbesitzer führen zu einer Schwächung der nationalen Autoritäten, wobei die Regierungen der Linken im besonderen abgestraft werden.) Überdies dringen die multinationalen Firmen in die nationalen Märkte ein.

Die Auswirkungen der neoliberalen Angriffe auf den Nationalstaat

Die Kritik des neoliberalen Globalisierungsdiskurses und der von ihm initiierten und gerechtfertigten Politik muß freilich über die Diskursebene hinausgreifen, sollen ihr nicht die ganz realen Auswirkungen, die diese Politik hat, sobald sie mehr oder minder praktisch betrieben wird, und damit das Wesentliche entgehen. Man muß sich folglich den *Fakten* zuwenden, in denen (wenn man sich mit den Mitteln versieht, über die offiziellen Darstellungen hinauszugehen) die Auswirkungen dieser Politik unmißverständlich zum Ausdruck kommen. Wie in einer wissenschaftlichen Versuchsanordnung kann die tatsächliche Praxis dieser Politik als experimentelle Kontrolle fungieren, die, besser als die bloß logische Erörterung, die Beurteilung einer Politik mit wissenschaftlichem Anspruch erlaubt. Sie rückt die sozialen Auswirkungen ins Licht, die der Rückzug des Staates, Korrelat des Primats der Ökonomie und der Ausschaltung aller sozialen Kostenfaktoren, hat. Sie läßt insbesondere auch das Gefühl der Verlorenheit zutagetreten (das sich namentlich mit dem Beschäftigungsverlust einstellt, der als Verlust des Daseinssinns erfahren wird). Dieses Gefühl hat in England zuerst die (Hand-)Arbeiter, dann aber auch das Kleinbürgertum erfaßt, und in den Vereinigten Staaten die Mittelklassen, die Gefahr der Entlassung beständig vor Augen, in einen Zustand tiefer Verunsicherung versetzt. Des weiteren läßt sie vor allem zwei Aspekte des Staates, die für gewöhnlich miteinander vermischt werden, indem sie sie trennt, hervortreten.

In der Tat ist der Staat eine zwieschlächtige Realität, und die Zwieschlächtigkeit seiner Struktur ist das Produkt seiner Geschichte. Die Funktionen der Repression und der Aufrechterhaltung der Ordnung zugunsten der Herrschenden, auf die die marxistische Tradition den Akzent setzt, sind eng mit denen der Umverteilung und der Fürsorge verknüpft. Auch diese Funktionen sind (mit der Sozialversicherung und den Sozialministerien z.B.) in ihrer Eigenschaft als soziale Errungenschaften in den Kämpfen der Vergangenheit (unter großen Anstrengungen) erstritten, in die Struktur des Staates eingeschrieben und entsprechen eher der Hegelschen Sicht des Beamten als Agent des Allgemeinen. Es gibt sozusagen eine rechte und eine linke Hand des Staates. Und die soziale Bewegung kann in ihrem Widerstand gegen die Involution des Staates, d.h. gegen dessen Regression auf einen strafenden Staat, der nach und nach seine sozialen Funktionen, Erziehung, Gesundheit, Fürsorge usf. preisgibt und sich auf seine Repressionsfunktionen zurückzieht, von Seiten der Verantwortlichen in den Sozialministerien und -diensten – der linken Hand des Staates – Unterstützung finden. Denn diese sind beunruhigt über die Arbeitslosigkeit und das Schwinden der sozialen Kohäsion und stehen zu den Finanzministerien und -diensten, die nur die Zwänge der »Globalisierung« kennen wollen, in Opposition.

Die neoliberale Infragestellung des Staates ist die Infragestellung all dessen, was am Staat fortschrittlich und universell (die Hegelsche Seite) ist. Sie ist der Niedergang des Staates, der das

Schwinden der sozialen Integration zur unvermeidlichen und unmittelbaren Folge hat, und als Konsequenz daraus, wie Loïc Wacquant es für die Vereinigten Staaten gezeigt hat, ein Anwachsen der mit dem strafenden Staat, insbesondere den Gefängnissen, verbundenen Ausgaben. All diese Dinge, die die neoliberale Ideologie für bloßen Ballast erklärt, von dem die europäischen Staaten sich befreien müssen, wie die Sozialversicherung, die gestiegenen Sozialabgaben, der Unfall- und Kündigungsschutz für die Arbeiter und deren Schutz vor Ausbeutung, zählen in Wirklichkeit zu den Errungenschaften – und zwar den höchsten – der Zivilisation. Man weiß, daß der Staat historisch um die Armee und die Polizei – das physische Gewaltmonopol – herum entstanden ist. Und erst am Ende eines langen Evolutionsprozesses hat sich ein Kultur- und Sozialstaat, ein *welfare state,* herausgebildet, der in der Lage ist, auch die Umverteilung und die Solidarität, zu der erstere in hohem Maße beiträgt, zu gewährleisten. Das, was man uns als den Gipfel der Modernität präsentiert, ist eine Regression auf einen weniger fortgeschrittenen, weniger differenzierten, weniger komplexen Staat, einen auf die Polizeifunktion der Repression reduzierten, einen verstümmelten Staat (von dem keineswegs feststeht, ob er gerechtfertigt werden kann, und sei es auch nur in der rein kalkulatorischen Logik des wohlverstandenen Interesses; denn die Einsparungen, die man bei den Sozialausgaben machen kann, werden mehr als aufgewogen durch das Anwachsen der für den Ausbau der Zwangsmittel erforderlichen Ausgaben, zu dem die Schwächung der sozialen Kohäsion nötigt – die mit der Unsicherheit und dem Unglück verbundenen Kosten aller Art nicht mitgerechnet).

Man sieht also, daß, wenn es in diese historische Perspektive gerückt wird, das *Regressionsverbot* (wie man hier sagt) oder, was auf dasselbe hinausläuft, der Imperativ der Verteidigung der Errungenschaften, den es aufzustellen heißt, nichts Konservatives hat, wie das revolutionär-konservative Denken der Neoliberalen glauben machen möchte. Freilich kann man sich fragen, ob er nicht ein wenig utopisch, ja unverantwortlich ist, und ob er nicht einer Kritik anheimfallen muß, die man im Namen eines ökonomischen Realismus und im besonderen der Auswirkungen der »zerstörerischen Konkurrenz« üben kann.

Der Übergang: Den Nationalstaat verteidigen und den supranationalen Staat aufbauen

Es ist unstrittig, daß die internationale (und zumal die innereuropäische) Konkurrenz ein Hindernis für die Inkraftsetzung des »Regressionsverbotes« *in einem Land* ist. An der Frage der Arbeitszeitverkürzung oder der wirtschaftlichen Wiederbelebung zeigt sich das deutlich. (Ungeachtet des Umstandes, daß die Arbeitszeitverkürzung sich aufgrund der wahrscheinlichen Produktivitätssteigerung und des Wegfalls der enormen Aufwendungen für die Arbeitslosenunterstützung zum Teil selbstfinanzieren würde.) Das hat John Major gut verstanden, der zynisch meinte: »Ihr habt die Soziallasten und wir haben die Arbeit.« So wie es die deutschen Unternehmer verstanden haben, die mit der Verlegung von Betrieben nach Frankreich beginnen, wo der Abbau der sozialen Rechte weiter »fortgeschritten« ist.

Tatsächlich stößt das Argument vom zerstörerischen Wettbewerb hier an seine Grenze, und eine richtige Diagnose gestattet es, das richtige Gegenmittel zu finden. Wenn es zutrifft, daß der Wettbewerb im wesentlichen ein innereuropäischer ist, daß die französischen Arbeiter ihre Arbeit den deutschen Arbeitern wegnehmen und umgekehrt, da nun einmal *nahezu drei Viertel* des Außenhandels der europäischen Länder innerhalb der Grenzen Europas abgewickelt werden, dann würden die Auswirkungen einer Arbeitszeitverkürzung ohne Lohneinbußen unter der Bedingung stark abgeschwächt werden, daß eine solche Maßnahme auf europäischer Ebene beschlossen würde. Anders gesagt, eine gesamteuropäische Entscheidung, die Arbeitszeit in allen europäischen Ländern auf 35 Stunden und dann innerhalb kurzer Zeit auf 30 Stunden zu verringern, könnte eine Lösung für das Problem der Arbeitslosigkeit bringen, ohne die katastrophalen Folgen nach sich zu ziehen, auf die man sich beruft, um sich dieser Entscheidung zu widersetzen.

Nicht anders steht es um eine Politik der Wiederbelebung der Nachfrage oder der Investitionen in neue Technologien. Undurchführbar oder ruinös, wie die Neunmalklugen bis zum Überdruß wiederholen, solange sie in einem Land realisiert werden soll, wäre sie im gesamteuropäischen Maßstab durchaus vernünftig. Und das gleiche gilt, auf einer allgemeineren Ebene, für jede Aktion, die sich von den Prinzipien einer wahrhaften Ökonomie des Glücks leiten läßt, die alle Gewinne und Kosten, materielle wie symbolische, der menschlichen Verhaltensweisen und im besonderen des Tätigseins und Nichttätigseins wirklich zur Kenntnis zu nehmen vermag. Kurzum, es ist zwingend geboten, dem monetären, die sozialen Errungenschaften zerstörenden Europa ein soziales Europa entgegenzusetzen, das auf einem Bündnis der Arbeiter gründet, und das in der Lage ist, die Bedrohungen, die, namentlich durch das Sozialdumping, für die Arbeiter aller Länder von den Arbeitern eines jeden einzelnen Landes ausgehen, zu neutralisieren.

Für einen neuen Internationalismus

Aus einer solchen Perspektive würde es sich um die Entwicklung eines neuen Internationalismus handeln, eine Aufgabe, die in erster Linie den Gewerkschaften zufiele. Der Internationalismus stößt freilich, ganz davon abgesehen, daß er sich in seiner traditionellen Form durch seine Unterordnung unter den sowjetischen Imperialismus diskreditiert hat, auf große Hindernisse. Die Strukturen der Gewerkschaften sind nationale Strukturen (mit dem jeweiligen Staat verknüpft und zu einem Teil von ihm hervorgebracht) und durch unterschiedliche geschichtliche Traditionen getrennt. (So gibt es z.B. in Deutschland eine starke Autonomie der Tarifpartner, in Frankreich aber eine schwach entwickelte gewerkschaftliche Tradition angesichts eines starken Staates; desgleichen unterscheiden sich die Formen der sozialen Absicherung beträchtlich, die in England über Steuern, in Deutschland und Frankreich über Beiträge finanziert wird.) Die internationalen Instanzen wie der Europäische Gewerkschaftsbund sind schwach (beispielsweise wird eine bestimmte Anzahl von Gewerkschaften draußen gelassen) gegenüber einem organisierten Unternehmertum und überlassen paradoxerweise die Initiative, selbst auf dem Gebiet der Sozialrechte, fast immer den europäischen Behörden (und Technokraten). Bei meinen Begegnungen mit Gewerkschaftsvertretern in Frankreich und anderen europäischen Ländern bin ich sehr beeindruckt gewesen zu sehen, in welchem Maße ihnen (häufig eher unbewußt als bewußt) internationale Kontakte fehlen.

Die Koordination der Kämpfe in Europa ist weit zurückgeblieben. Die Gewerkschaften haben wichtige Gelegenheiten zur Koordination ausgelassen, wie den Streik in Deutschland für die 35-Stunden-Woche, der nicht auf die europäische Ebene übertragen wurde, oder die großen Bewegungen in Frankreich und anderen europäischen Ländern Ende '95, Anfang '96 gegen die Sparpolitik und den Abbau des öffentlichen Dienstes. Die Intellektuellen, zumal in Deutschland, haben geschwiegen, wenn sie sich nicht gar zu Verbreitern des herrschenden Diskurses gemacht haben.

Einige erste Ansätze zur Bildung einer wirklichen europäischen Sozialbewegung haben sich mit dem europäischen Marsch gegen die Arbeitslosigkeit gezeigt. Und eine der ersten möglichen Basen wirklicher Mobilisierung ist von den europäischen Firmen (man denke z.B. an Renault Vilvoorde) und den europäischen Betriebsräten geschaffen worden.

Wie können die Grundlagen für einen neuen Internationalismus auf gewerkschaftlicher, intellektueller und auf der Ebene des Volkes geschaffen werden? Man kann zwei mögliche Aktionsformen unterscheiden, die sich nicht ausschließen. Da ist zunächst die Mobilisierung der Menschen, die einen spezifischen Beitrag der Intellektuellen voraussetzt, da die Demobilisierung ja zu einem Teil aus der Demoralisierung folgt, die die permanente »Propaganda« der Essayisten und Journalisten hervorruft, eine Propaganda, die sich selbst nicht als solche sieht und auch nicht als solche wahrgenommen wird. (Ich erinnere hier nebenbei an unsere Initiative zum Aufbau eines europäischen Netzwerkes kritischer Beobachtung und Analysen – unter dem Titel »Raison d'agir«, mit vor allem einem kritischen Observatorium des europäischen Aufbaus). Die sozialen Grundlagen für eine solche Mobilisierung sind vorhanden. Ich möchte nur auf die Veränderungen im Schulsystem hinweisen, vor allem auf das gestiegene Unterrichtsniveau einerseits, und die Entwertung der Schultitel und die mit ihr verbundene Deklassierung andererseits sowie auf den verringerten Abstand zwischen Studenten und Arbeitern. (Der Abstand zwischen Alten und Jungen, den Festangestellten und den Unabgesicherten oder den Proletariern ist geblieben; aber auch hier entstehen Verbindungen durch Arbeiterkinder mit einer guten Ausbildung etwa, die von der Krise betroffen sind.) Von Bedeutung ist auch und vor allem die Veränderung der Sozialstruktur mit dem Wachsen der sozialen Ungleichheit seit 1996 – entgegen dem in Deutschland so mächtigen Mythos einer überaus breiten Mittelschicht; die Kapitaleinkünfte sind um 60% gestiegen, während das Einkommen aus bezahlter Arbeit konstant geblieben ist. Eine internationale Mobilisierung setzt (wider die streng materialistische Tradition, die die sozialen Bewegungen, vor allem in Frankreich, beherrscht, und die es verbietet, den ideologischen Auseinandersetzungen in den sozialen Auseinandersetzungen den ihnen gebührenden Rang einzuräumen) voraus, daß der Kampf, in dem die Ideen das Rüstzeug sind, und insbesondere die Kritik der Vorstellungen, die die herrschenden Instanzen und ihre Denker vom Dienst pausenlos produzieren und propagieren, die falschen Statistiken, Mythologien, was die Vollbeschäftigung in England oder den USA betrifft usf., einen hohen Stellenwert erhalten.

Bei der zweiten Interventionsform zugunsten eines Internationalismus, der den Aufbau eines übernationalen Sozialstaates zu fördern vermag, handelt es sich um eine Einflußnahme auf und durch die Nationalstaaten, die im gegenwärtigen Stand und mangels einer umfassenden Zukunftsvision außerstande sind, im Sinne des allgemeinen Interesses der europäischen Gemeinschaft zu handeln. Man muß deshalb auf die einzelnen Nationalstaaten zu einem doppelten Zweck einwirken: Einmal, um die mit ihnen verknüpften historischen Errungenschaften zu verteidigen (die oft um so bedeutender und in den Habitus tiefer verwurzelt sind, je stärker ein Staat, wie z.B. der französische, ist). Und zum anderen, um ihnen zur Auflage zu machen, daß sie an der Schaffung eines europäischen Sozialstaates mitarbeiten, der die fortschrittlichsten sozialen Errungenschaften der verschiedenen europäischen Staaten in sich vereint (mehr Kindergärten, Schulen und Krankenhäuser, weniger Armee, Polizei und Gefängnisse); und daß sie die Errichtung des einheitlichen Marktes der Entwicklung sozialer Maßnahmen unterordnen, die die wahrscheinlichen sozialen Folgen des freien Wettbewerbs für die Lohnabhängigen zu konterkarieren vermögen. (Man kann sich hier am Vorbild Schwedens orientieren, das den Beitritt zum Euro bis zu einer Neuverhandlung aufgeschoben hat, bei der die Koordinierung der Wirtschafts- und Sozialpolitik Vorrang hat.) Die soziale Kohäsion ist ein ebenso wichtiges Ziel wie die Währungsparität, und die soziale Harmonisierung ist die Bedingung für den Erfolg einer wirklichen Währungsunion.

Wenn man die soziale Harmonisierung und die Solidarität, die sie herstellt und voraussetzt, zur absoluten Vorbedingung macht, muß man mit derselben Rigidität, mit der man bislang nur die ökonomischen Indices (wie die berühmten 3% des Maastricht-vertrages) behandelt hat, eine bestimmte Anzahl gemeinsamer Zielsetzungen von Anbeginn an zum Verhandlungsgegenstand machen:
– Die Festsetzung von *Mindestlöhnen* (nach Zonen differenziert, um den regionalen Ungleichheiten Rechnung zu tragen);

– die Entwicklung von *Maßnahmen gegen die Korruption* und die Steuerhinterziehung, die den Anteil aus finanziellen Aktivitäten an den öffentlichen Ausgaben reduzieren und damit indirekt zu einer exzessiven Besteuerung der Arbeit führen, und von Maßnahmen gegen das *Sozialdumping* zwischen unmittelbar konkurrierenden Aktivitäten;

– die Ausarbeitung eines gemeinsamen Sozialrechts (mit einer Differenzierung nach Zonen für die Zeit des Übergangs, aber dem Ziel einer integrierten Sozialpolitik durch Vereinheitlichung des Rechts in seinen existierenden Formen und seiner Entwicklung dort, wo es nicht existiert: z.B. Einführung eines Mindesteinkommens für Personen ohne bezahlte Beschäftigung und andere Einkommensquellen, Verringerung der Abgabenbelastung der Arbeit, Entwicklung sozialer Rechte wie des Rechts auf Bildung, eines Rechts auf Arbeit, eines Rechts auf Wohnraum, und Entwicklung einer Außenpolitik auf dem Feld der Sozialpolitik mit dem Ziel einer Verbreitung der europäischen Sozialnormen);

– Konzipierung und Verwirklichung einer *gemeinsamen Investitionspolitik*, die mit dem allgemeinen Interesse übereinstimmt: im Gegensatz zu solchen Investitionsstrategien, die aus der Verselbständigung rein spekulativer und kurzfristiger Profiterwartungen bestimmter finanzieller Aktivitäten resultieren oder auf, dem allgemeinen Interesse völlig konträren, Voraussetzungen beruhen, wie der Glaube, Belegschaftsabbau sei ein Beweis guter Unternehmensführung und eine Rentabilitätsgarantie, gilt es Strategien den Vorzug zu geben, die auf die Erhaltung nicht erneuerbarer Ressourcen und der Umwelt zielen, auf den Ausbau der transeuropäischen Energie- und Verkehrsnetze, die Ausweitung des sozialen Wohnungsbaus und die Stadtsanierung (insbesondere auch den Einsatz umweltfreundlicher Verkehrsmittel), die Investition in Forschung und Entwicklung auf dem Gesundheits- und dem Umweltsektor, die Finanzierung neuer, scheinbar riskanter Aktivitäten in der Finanzwelt unbekannten Formen (kleine Unternehmen, selbständige Arbeit).

Das, was als bloßer Katalog disparater Maßnahmen erscheinen mag, ist in Wirklichkeit von dem Willen geleitet, mit dem Fatalismus des Tietmeyer-Denkens zu brechen. Und von dem Willen, die mit dem Schein des Naturhaften versehene Ökonomie des Neoliberalismus zu »defatalisieren«, indem sie politisiert und durch eine Ökonomie des Glücks ersetzt wird, die – auf den Initiativen und dem Willen der Menschen basierend – in ihre Kalküle die Kosten des Leids und die Gewinne aus Erfüllung und

Selbstverwirklichung mit einbezieht, die der strikt ökonomistische Kult von Produktivität und Rentabilität nicht kennt. Die Zukunft Europas hängt in einem hohen Maße vom Gewicht der fortschrittlichen Kräfte in Deutschland (den Gewerkschaften, der SPD, den Grünen) und ihrem Willen und ihrer Fähigkeit ab, gegen die von der Bundesbank und der Bundesregierung vertretene Politik des »starken« Euro Widerstand zu leisten. Sie wird weitgehend von ihrer Fähigkeit abhängen, der Bewegung im Interesse einer Neuorientierung aller europäischen Politik, die heute in einigen Ländern – Frankreich vor allem – zum Ausdruck kommt, in diesem Land zum Durchbruch zu verhelfen und ihr eigene Impulse zu verleihen. Kurz gesagt, gegen alle Unheilverkünder, die Sie überzeugen wollen, daß Ihre Zukunft in den Händen unabhängiger, selbständiger und transzendenter Mächte – wie den »Finanzmärkten« oder den Mechanismen der »Globalisierung« – liegt, möchte ich Ihnen versichern, in der Hoffnung, Sie zu überzeugen, daß die Zukunft, Ihre Zukunft, die auch die unsrige und die aller Europäer ist, maßgeblich von Ihnen als Deutschen und als Gewerkschaftern abhängt.

Aus dem Französischen von Jürgen Bolder

Burkart Lutz

Der Neoliberalismus ist nicht die Lösung, sondern Teil der Krise

Vorbemerkung

Die aktuelle Diskussion über die Lage der hochentwickelten Industrienationen, die sich mit Schlagworten wie »Globalisierung«, »Standortsicherung«, »Krise des Sozialstaates« oder »Ende der Arbeitsgesellschaft« verbindet, unterstellt zumeist, hierin sind sich Rechte mit den Linken einig, daß es erst in jüngster Zeit zu einem tiefgreifenden Strukturbruch in den entwickelten kapitalistischen Gesellschaften gekommen sei. Ich halte das für eine Sichtweise, die systematisch zu kurz greift und damit auch die Aufmerksamkeit in die falsche Richtung lenkt. Die grundlegenden Strukturbrüche sind nicht aktuellen Datums, sondern setzten meiner Überzeugung nach bereits in der Mitte der 70er Jahre ein.

Deshalb möchte ich zunächst (1.) sehr knapp – und jeden, der mehr wissen will, auf mein schon 1984 erschienenes, aber leider heute eher aktueller gewordenes Büchlein »Der kurze Traum immerwährender Prosperität« (Frankfurt/New York 1984) verweisend – die Entwicklung der letzten Jahrzehnte in Erinnerung rufen und vor allem zeigen, daß die Krise von Anfang an in der Prosperitätskonstellation, dem Akkumulationsregime der Jahrzehnte nach dem Zweiten Weltkrieg angelegt war. Dann möchte ich (2.) versuchen zu skizzieren, wie es weitergehen könnte. Schließlich will ich (3.) die Frage stellen, was die Linke heute tun kann und tun muß – wobei ich natürlich, da ich kein Guru sein will, nur allererste Elemente einer Antwort geben kann.

Dabei wird die These, die ich als Überschrift gewählt habe, stets präsent sein: Indem ich zunächst unter 2. zeige, daß der Neoliberalismus nur einer der aussichtslosen Versuche ist, die Krise mit den Erfolgsrezepten vergangener Wachstumskonstellationen zu überwinden; und indem ich unter 3. behaupte, daß der Neoliberalismus nur deshalb so viel Einfluß gewinnen konnte, weil es die Linke bisher verabsäumt hat, mit eigenen Visionen zur Überwindung der Krise hervorzutreten, statt nur die Besitzstände von gestern zu verteidigen.

Die Prosperitätskonstellation der Nachkriegszeit und ihr unvermeidliches Ende

In den Jahrzehnten nach dem Zweiten Weltkrieg erlebten alle westeuropäischen Länder eine Prosperitätskonstellation, die historisch ganz unvergleichlich war. Ihre Besonderheit lag nicht nur in einem beispiellosen wirtschaftlichen Aufschwung, der über mehrere Konjunkturzyklen andauerte. Sie lag vor allem darin, daß dieser wirtschaftlichen Prosperität ursächlich ein ganzes Bündel von sozialen Reformen zugrundelag, deren zentraler Effekt die weitgehende Neutralisierung des von allen Klassikern als »ehern« betrachteten Lohngesetzes war.

Daß hiermit erstmals in der Geschichte des Kapitalismus auf großer Stufenleiter steigende Löhne und massive Ausweitung von Lohnarbeit als Normalfall der Erwerbstätigkeit möglich wurden und auf diese Weise das klassische Funktionsmuster des Kapitalismus tiefgreifend verändert würde, ohne daß dessen Existenz als solche in Frage gestellt würde, war noch aus der Perspektive der 20er und 30er Jahre ganz unvorstellbar.

Die Konvergenz von sozialen Reformen, nachhaltigem Wachstum unter marktwirtschaftlichen Bedingungen und allgemeiner Wohlfahrtssteigerung war freilich ihrer Natur nach zeitlich befristet. Die Prosperitätskonstellation der Nachkriegszeit bezog ihren Impuls aus Bedingungen, die gemäß der Abfolge der Luxemburgischen Trias von Aneignung, Ausbeutung und Zerstörung endlicher Natur sind. Mit anderen Worten: Wir haben unser Wachstum in den ersten Jahrzehnten nach dem Zweiten Weltkrieg aus Quellen bezogen, die nicht reproduziert, sondern durch ihre Nutzung sukzessive zerstört wurden.

Seit der Mitte der 70er Jahre befinden wir uns in der Auslaufphase dieser Prosperitätskonstellation. Wir sind seitdem in eine historische Periode eingetreten, die ohne Vorbilder ist und die sich als latente Krise mit einem sich im Zeitablauf langsam, aber vermutlich unaufhaltsam akkumulierenden Potential depressiver Spiralen kennzeichnen läßt. Bei Wachstumsraten, die im mehrjährigen Durchschnitt eines Konjunkturzyklus kaum 2,5% erreichen, gelingt es in keiner der großen Industrienationen – allenfalls um den sowohl sozial wie wirtschaftlich sehr hohen Preis einer massiven Vermehrung von Niedriglohn-Arbeitsplätzen mit sehr schlechten Abeitsbedingungen und sehr niedriger Produktivität, wie beim sogenannten us-amerikanischen Job-Wunder – die Arbeitslosigkeit wieder unter das Niveau im jeweils vorhergegangenen Konjunkurzyklus zu drücken.

Noch haben wir keine wirklich dramatische Krise vom Typ der Weltwirtschaftskrise von 1929 und all dem, was daraus folgte. Aber die systemische Instabilität nimmt zu. Jedes Jahr, in dem der jetzige Zustand andauert, werden das Krisenpotential, die Spannungen und Konflikte größer, nimmt die Wahrscheinlichkeit zu, daß ein normaler konjunktureller Prozeß in eine große Depression umschlägt.

Die zunehmend hektische Suche nach einem Ausweg aus der Krise

Wie geht es weiter? Was haben wir zu erwarten? Welcher Ausweg aus der Krise zeichnet sich ab?

Meine französischen Kollegen aus der Regulationsschule, mit denen ich in der Analyse des Akkumulationsregimes der Nachkriegszeit ziemlich einig bin, glaubten – ebenso wie die Mehrzahl der deutschen Regulationisten – zumindest vor einigen Jahren noch daran, daß die Krise gewissermaßen aus sich selbst heraus eine neue Prosperitätskonstellation hervorbringen würde.

Ich sehe hingegen keinerlei Anzeichen dafür, daß sich derzeit ein neues Akkumulationsregime mit der Chance längerfristig stabiler Verhältnisse herausbildet. Die Entwicklung seit dem Erscheinen des »kurzen Traumes« vor nunmehr fast eineinhalb Jahrzehnten hat mich vielmehr – ich scheue mich nicht zu sagen: leider – in der schon damals formulierten und begründeten These bestärkt, daß sich die alten Industrienationen – nicht nur in Europa, mittlerweile auch Japan – in einer Stagnationsphase befinden, aus der noch kein gangbarer Ausweg abzusehen ist.

Der Neoliberalismus selbst ist ganz sicher kein Ausweg aus der Krise. Er bietet keine konsistente Strategie eines neuen kapitalistischen Aufschwungs. Längst hat sich gezeigt, wie kurzlebig die Impulse waren, die in den ersten Jahren des »Thatcherismus« und der »Reaganomics« von einer mehr oder weniger (in der Praxis eher weniger) entschlossenen Politik der Deregulierung und des Abbaus von Staatsquote und Staatsintervention ausgingen.

Daß der Neoliberalismus solche Bedeutung erlangen und den Status eines historischen Projektes attestiert bekommen konnte, hängt meines Erachtens nicht zuletzt damit zusammen, daß ihm die Linke das Feld einfach überlassen hat. Auch die europäische Linke hat sich in der Wachstumskonstellation der 60er und 70er Jahre wohnlich eingerichtet und geglaubt, sie würde ewig dauern. Ich mußte dies recht schmerzhaft erfahren, als ich den »kurzen Traum« veröffentlicht hatte. Seine Schlußfolgerungen wurden von einem Gutteil der Linken mit zwei Argumenten abgelehnt, die eng miteinander zusammenhängen: Das eine Argument besagte, daß der Kapitalismus ein autopoetisches System sei, das in der Lage ist, aus sich selbst heraus die Voraussetzungen seiner eigenen Existenz immer wieder hervorzubringen. Das zweite Argument lautete, daß der Kapitalismus die Krise bereits überwunden habe und mit einem neuen – neoliberalen – Regulationsregime einem erneuten Aufschwung entgegengehe. Heute wissen wir empirisch, daß diese Erwartung irreal war.

Wer heute noch an die Möglichkeit eines neoliberalen Wachstums glauben sollte, täte gut daran, Joseph Schumpeter wieder zu lesen. Schumpeter, der ein überzeugter Anhänger der Marktwirtschaft war, stellt in seinem letzten großen Buch »Kapitalismus, Sozialismus und Demokratie«, das 1942 zuerst in England und 1946 in deutscher Übersetzung erschien, die berühmte Frage: »Kann der Kapitalismus weiterleben?« Seine Antwort ist eindeutig: »Dem kapitalistischen System wohnt die Tendenz zur Selbstzerstörung inne, die in ihren ersten Stadien sich sehr wohl in der Form einer Tendenz zur Verlangsamung des Fortschritts äußern kann« (261) – also genau das, was wir heute erleben.

Schumpeter kommt zu diesem Ergebnis, nachdem er zuvor mit sehr viel Sachverstand und Intelligenz alle in der Diskussion und Literatur gebräuchlichen Argumente widerlegt hat, die für die These ins Feld geführt werden, daß der Kapitalismus dem Untergang geweiht sei und dem Sozialismus die Zukunft gehöre. Schumpeters Hauptargument war von keinem Kapitalismuskritiker zuvor benannt worden: Die strikte Unterwerfung des Menschen unter das kapitalistische Gebot der Nutzenmaximierung erzeugt ein Verhalten, das den Kapitalismus selbst letztlich unmöglich macht.

Ein italienischer Kollege hat Schumpeters Argument unterstrichen, indem er der Frage nachging, welche Gesellschaft eigentlich von den gängigen neoliberalen Wirtschaftstheorien unterstellt wird. Er kommt zu dem Ergebnis, daß dies im günstigsten Fall eine Räuber- und Banditengesellschaft wäre, sofern überhaupt so etwas wie Gesellschaft existieren kann, wenn sich die Akteure gemäß der in den Modellen postulierten Logik verhalten.

Der Neoliberalismus ist nichts anderes als einer der – so fürchte ich – in den nächsten Jahren immer häufiger werdenden und immer verzweifelteren Versuche, durch Rückgriff auf vergangene Erfolgsrezepte einen Ausweg aus einer Krise zu finden, in die man sich zunehmend eingeschlossen fühlt.

Dies ist eine furchterweckende Prognose. Der letzte Versuch, eine vergleichbare Blockade aufzubrechen, der mit den herkömmlichen Mitteln nicht beizukommen war, hat Deutschland und Europa den Hitler-Faschismus, den Zweiten Weltkrieg und den Holocaust beschert. Je länger die neoliberalen Rezepte ihre Unfähigkeit unter Beweis stellen, den Wirtschaftsmotor wieder anzuwerfen, desto größer wird die Gefahr, daß die Herrschenden zu immer radikaleren Mitteln greifen.

Versäumnisse und Aufgaben der Linken

Auch wenn sich gegenwärtig kein gangbarer Ausweg aus der Krise abzeichnet, ist es doch möglich, die Richtung, in der gesucht werden muß, und die Aufgaben, die mit hoher Dringlichkeit anzugehen sind, zumindest in groben Umrissen anzudeuten.

Ganz offenkundig bedarf es, um einen Ausweg aus der Krise zu finden, einer grundlegend neuen Konfiguration von Politik, Wirtschaft und Gesellschaft. Dabei wird es sicherlich zu einer stärkeren Durchdringung von ökonomischer und politischer Sphäre kommen, als dies jemals zuvor der Fall war.

Diese These kann sich auf einen Vergleich der vorangegangenen Prosperitätskonstellationen stützen.

Die gewaltige imperialistische Landnahme am Ende des 19. und zu Anfang des 20. Jahrhunderts war bereits gekennzeichnet durch einen starken Nationalstaat, der durch seine Außen- und Militärpolitik den Handel schützte und im Innern der Gesellschaft für Ruhe, Ordnung und niedrige Lohnkosten sorgte; der Ausbruch des Ersten Weltkrieges war bereits Ausdruck der Krise dieser Wachstumsphase, nicht selbst die Ursache.

Ebenso war die Prosperitätskonstellation nach dem Zweiten Weltkrieg weit mehr, als wir alle in unserem Bewußtsein dies wahrnehmen, ein Werk politischen Handelns und politischer Setzung gewesen: Erst die wohlfahrtsstaatliche Politik ermöglichte eine innere Landnahme, die für zwei bis drei Jahrzehnte für rasches Wirtschaftswachstum sorgte. Allerdings war und ist man sich rechts und links weithin einig, dies nicht zur Kenntnis zu nehmen. Dabei genügt es, sich einmal zu vergegenwärtigen, welcher Teil des Bruttosozialproduktes in mehr oder minder direkter Weise über staatliche Institutionen läuft oder von politischen Setzungen geprägt wird, damit sich die Vorstellung einer mehr oder minder reinen kapitalistischen Marktwirtschaft als pure Ideologie erweist.

Um die gegenwärtige Krisenkonstellation zu überwinden, die weder durch eine wie immer geartete »natürliche« Entwicklung noch durch die blinde Macht von Kapitalinteresse und Kapitalbewegung beendet werden wird, wird mit sehr hoher Wahrscheinlichkeit noch viel mehr Politik notwendig sein.

Vor allem muß Politik viel systematischer und bewußter als bisher die verschiedenen gesellschaftlichen Lebensbereiche miteinander verknüpfen. Das bestehende politisch-administrative System ist hochgradig sektoralisiert und parzelliert: Für Bildung und Wissenschaft sind die Bildungspolitiker zuständig, Sozialpolitik betreiben die Sozialpolitiker und die Tarifvertragsparteien, für Wirtschaftspolitik sind die einen, für Finanzpolitik die anderen und für Verteidigungspolitik dritte verantwortlich. Systemische Zusammenhänge werden in diesem System noch nicht einmal erkannt.

Notwendig ist eine viel innigere Durchdringung aller gesellschaftlichen Sphären gemäß Handlungsmaximen und mit Steuerungsinstrumenten, von denen wir uns bis heute noch kaum eine Vorstellung gebildet haben. Doch gibt es keinen akzeptablen Ausweg aus der Krise, wenn und solange die Linke nicht sehr viel konkretere Visionen davon hat, wie die Gesellschaft funktionieren soll.

Ich möchte dies an vier Beispielen zeigen:
1. Wir setzen zwar alle auf Staat und Politik, auf staatliche Verantwortung und auf staatliches Handeln. Doch stammt unser heutiger Staat in wesentlichen Teilen noch aus dem 19. Jahrhundert. Es ist ein repressiver Hoheitsstaat, der sich nur auf mehr oder minder hybride Weise zusätzliche sozial- und wirtschaftspolitische Funktionen angegliedert hat. Das ganze öffentliche Dienstrecht ist ein Hoheitsrecht und kein Arbeits- und Sozialrecht, und dennoch führen wir große Kämpfe, um dieses öffentliche Dienstrecht möglichst noch auf weitere Beschäftigtengruppen auszudehnen. Die Frage, wie eigentlich ein funktionierender, moder-

ner öffentlicher Dienst in einer demokratischen Gesellschaft aussehen kann und soll, war nie Gegenstand einer größeren öffentlichen Debatte.

Darum befindet sich die Linke auch beständig in der Defensive, wenn die politische Rechte argumentiert, daß der Staat in seiner heutigen Verfaßtheit nicht funktioniere.

2. Wir haben unsere Gesellschaft auf einen Mechanismus von gesellschaftlicher Stabilität und gesellschaftlichem Konsens gegründet, der in sich fundamental widersprüchlich ist. Wir wollen zugleich Demokratie und sozialen Aufstieg. Dies paßt nicht zusammen. Eine Gesellschaft, in der Aufstieg der entscheidende konsensstiftende und motivationsbegründende Faktor ist, muß notwendigerweise ungleich, ständisch-hierarchisch strukturiert sein. Eine demokratische Gesellschaft kennt hingegen keinen sozialen Aufstieg, sondern allenfalls die Rotation von Funktionseliten, und muß Sozialintegration und Leistungsmotivation auf ganz anderen Mechanismen aufbauen.

Die Linke hat es verabsäumt, sich mit diesem Widerspruch auseinanderzusetzen, ja ihn überhaupt zur Kenntnis zu nehmen. Dies gilt für die Bildungspolitik ebenso wie für die Tarif- und Einkommenspolitik, um nur zwei besonders wichtige Politikfelder zu nennen.

3. Es gibt gute Gründe für die Annahme, daß eine leistungsfähige Volkswirtschaft im 21. Jahrhundert nicht von den großen arbeitsteilig-hierarchisch aufgebauten und funktionierenden Dinosauriern beherrscht sein wird, die in den 50er und 60er Jahren als die Prototypen des leistungsfähigen Industriekapitalismus galten. Wir haben aber in der Gewerkschaftsarbeit ebenso wie in der Sozialpolitik und Sozialgesetzgebung die Funktionsmechanismen dieser bürokratischen Großorganisationen gewissermaßen als Normalbedingungen des Arbeitnehmerdaseins unterstellt. Die Geschichte des Kündigungsschutzes ist dafür eine sehr gute Illustration. Wir haben deshalb immer mehr soziale Rechte an den einzelnen Arbeitgeber gebunden und uns damit die Möglichkeit genommen, alternative Konzepte sozialer Sicherheit auszuarbeiten, die nicht vom Wohlergehen des einzelnen Arbeitgebers abhängig sind, sondern z.B. davon, daß der einzelne Arbeitnehmer eine arbeitsmarktgängige Qualifikation besitzt, die er an vielen Stellen vermarkten kann, zu Bedingungen, die dann natürlich kollektivvertraglich oder sozialrechtlich abgesichert sind.

Jetzt, wo sich herausstellt, daß die Zeit der industriellen Dinosaurier vorbei ist, kommt die Arbeiterbewegung, kommen die

Gewerkschaften, kommen wir alle in eine schlimme Klemme, weil niemand daran gedacht hat, eine funktionierende Alternative zur In-Pflicht-Nahme des einzelnen Arbeitgebers überhaupt auch nur auszudenken.

4. Wir haben zwar einen großen Schritt auf dem Wege der Frauenemanzipation getan, aber wir haben keine Vorstellung davon, wie in einer Gesellschaft die biologische Reproduktion der Bevölkerung gesichert werden soll, in der Männer und Frauen gemeinsam oder auch die Frauen jeweils individuell für sich darüber entscheiden, ob und wann und wieviele Kinder sie bekommen wollen. Wir wissen nicht einmal, wie man Kinder in einer offenen, vom Überfluß geprägten Gesellschaft richtig erzieht.

Zum Schluß

Alles, was ich eben exemplarisch genannt habe, bezeichnet Hausaufgaben, die von der Linken eigentlich schon in den letzten 20 oder 30 Jahren hätten erledigt oder doch wenigstens angegangen werden müssen. Und wenn man schon keine dauerhafte Lösung hätte finden können, so muß sich doch die Linke vorwerfen, daß sie sich nicht einmal die Mühe gemacht hat, wenigstens nach den richtigen Fragen zu suchen.

Detlef Hensche sprach von der Vision einer solidarischen Gesellschaft. Ich kann ihm nur zustimmen, wenn er fordert, daß wir uns diese Vision zu eigen machen. Doch ist dies eine sehr große Herausforderung. Denn es handelt sich dabei ja nicht nur darum, einen Katalog von sozialpolitischen Forderungen aufzustellen. Eine solidarische Gesellschaft kann es nur geben, wenn wir auch die Gesamtheit der ökonomischen Mechanismen und Institutionen so neu gestalten, daß die Gesellschaft wirklich funktioniert und daß sich die Menschen in ihr wohl fühlen.

Pierre Bourdieu hat recht, wenn er sagt, daß die Revolution, also der Weg in die solidarische Gesellschaft, in den Köpfen beginnen muß. Nur was dort vorausgedacht ist, kann später einmal realisiert werden. Oder anders ausgedrückt: Die unendlichen Widerstände auf diesem Wege zu überwinden, die nicht nur in archaischen Interessenstrukturen, sondern auch in der drückenden Last jahrzehntealter Erfolge begründet sind, braucht es sehr starker Visionen und Argumente.

Es ist Zeit, daß wir damit beginnen, an ihnen zu arbeiten, statt nur über die Bösartigkeit der Gegner zu jammern.

Detlef Hensche

Der soziale Protest in Deutschland und die Rolle der Gewerkschaften

Was uns zusammengeführt hat, ist die Kritik an der Dominanz der neoliberalen Politik. Die – wie die Apologeten dieser Politik es nennen – »entfesselte Marktwirtschaft« in Gestalt von Deregulierung, Abbau sozialer Leistungen und arbeitsrechtlichen Schutzes bei gleichzeitiger Förderung privaten Reichtums hat bereits tiefe Spuren hinterlassen. Um für die Bundesrepublik nur einige Stichworte zu nennen:

■ In den Betrieben sind wir Zeugen einer beschleunigten Rationalisierung auf Kosten von Arbeitsplätzen und Beschäftigung. Personalabbau ist Trumpf; die Börse honoriert ihn prompt.

■ Die Verschärfung der Konkurrenzbeziehungen fördert Unterbietungswettbewerb, der soziales Dumping ausdrücklich einschließt. Kaum ein Betriebsrat, der nicht zur vorgeblichen oder tatsächlichen Sicherung des Standorts Eingriffe in übertarifliche und tarifliche Leistungen abwehren muß. Die Fälle des Tarifbruchs häufen sich und werfen die bange Frage auf, wie lange der Tarifvertrag als überbetrieblich verbindliche Norm noch gilt.

■ Die Gewerkschaften sind in die Defensive gedrängt. Selbst »sozialverträglicher« Abbau gilt als Erfolg.

■ Dasselbe Spiel wechselseitiger Unterbietung vollzieht sich im internationalen Wettbewerb. Ein konservativer britischer Abgeordneter brachte dieses Politikmuster unlängst mit der Bemerkung auf den Punkt: Es gelte, Großbritannien zum »Hongkong Europas« zu machen!

■ Die Spaltung der Gesellschaft schreitet fort. Entgegen aller politischen Rhetorik wachsen Arbeitslosigkeit und in ihrem Gefolge Armut – kein Wunder angesichts der Strangulierung nachfragewirksamer Massenkaufkraft und der Umverteilung von unten nach oben. Umgekehrt erfreuen sich die Vermögen und Einkommen der »Oberen Zehntausend« politischer und staatlicher Fürsorge, mit der Folge beachtlicher Wachstumsraten.

Bei alledem fällt auf, daß betriebswirtschaftliche Maximen dominieren. Kostensenkung geht über alles, auch in öffentlichen Einrichtungen, soweit sie nicht ohnehin schon privatisiert sind, volkswirtschaftliche Ziele scheinen vergessen. Politik verkommt zur Standortpflege. Als »Reform« gilt nicht mehr die Beseitigung wirtschaftlicher, sozialer, gesellschaftlicher und ökologischer Mißstände und Risiken, sondern deren Hinnahme bei gleichzeitiger Abwälzung der Kosten auf die Opfer.

Bei Fortsetzung dieses Kurses werden sich die Probleme verschärfen. In der Europäischen Union wird der Gehorsam gegenüber den Maastricht-Kriterien den Prozeß des sozialen Dumping noch forcieren, ohne daß die Verwirklichung der Währungsunion die vielfach verheißenen Arbeitsplätze schafft. Die Folgen sind unabsehbar, für die soziale wie für die demokratische Verfassung des Gemeinwesens.

Erscheinungsformen des sozialen Protestes

Natürlich kann und will ich es bei diesem Szenario nicht bewenden lassen. Erstens ist die Zukunft gestaltbar; sie enthält auch andere Optionen als neoliberale Deregulierung. Zweitens ist die vorstehend beschriebene Gegenwart keine korrekte Spiegelung der gesellschaftlichen Wirklichkeit. Es gibt auch die andere Seite: den betrieblichen und gewerkschaftlichen Protest sowie erfolgreiche Streiks. Betrachten wir die Beispiele im einzelnen, können wir unterscheiden:

■ Da treten Belegschaften in den Ausstand, entwickeln phantasievolle und öffentlichkeitswirksame Formen des Protestes, um Betriebe und Arbeitsplätze zu erhalten. Die Beispiele reichen von den Bergleuten des Kalibergwerks in Bischofferode über die Belegschaft des Bremer Vulkan bis zu den Stahlarbeitern von Krupp und Thyssen.

■ Auf einer anderen Ebene standen und stehen Auseinandersetzungen, die eine ganze Branche betreffen. So streikten die Beschäftigten der Bundespost für den Erhalt des öffentlich-rechtlichen und am Gemeinwohl orientierten Unternehmens. Die Bauarbeiter protestierten gegen die gesetzliche Beseitigung des Schlechtwettergeldes und für die Durchsetzung allgemeinverbindlicher Mindestlöhne am Bau. Die Steinkohle-Bergleute kämpften gegen die absprachewidrige Kürzung der staatlichen Kohleförderung und für den Erhalt ihrer Arbeitsplätze.

■ Schließlich fanden politische Demonstrationen gegen die Politik des Sozialabbaus und gegen einzelne Kürzungsvorhaben statt; im Sommer 1996 hatte der DGB zu Kundgebungen aufgerufen; wenige Monate später folgten betriebliche Streiks zur Verteidigung der 100-prozentigen Entgeltfortzahlung im Krankheitsfall, ausgehend von den Arbeitsniederlegungen der Mercedes-Beschäftigten Anfang Oktober 1996.

Mißt man diese Aktionen an ihrem Erfolg, fällt die Bewertung unterschiedlich aus. Der Protest der Kalibergarbeiter in Bischofferode blieb ohne Erfolg, der ihrer Kollegen im Steinkohlebergbau zwang den Bundeskanzler zum Einlenken. Doch muß man sich vor einer mechanistischen Blickverengung hüten – auch wenn der unmittelbare Erfolg ausbleibt, muß die Aktion nicht nutzlos gewesen sein. Die große DGB-Demonstration am 15. Juni hat die Regierungskoalition nicht in die Knie gezwungen und sie von ihren Gesetzesplänen abgebracht – wie denn auch? Doch sie hat der gewerkschaftlichen Position Anerkennung verschafft und Hunderttausenden Mut gemacht; sie hat damit die Grundlagen gelegt für die betriebliche und tarifvertragliche Verteidigung der Lohnfortzahlung wenige Monate später.

Die Form des Protestes ist unterschiedlich. Betriebliche Streiks, Betriebsbesetzungen, Hungerstreiks stehen herkömmlichen und »ordentlichen« – eben sehr deutschen – Formen der Gegenwehr gegenüber. Auch die gewerkschaftliche Beteiligung fällt unterschiedlich aus: Aktionen, die sich ohne (auch: gegen?) die Gewerkschaft entwickelt haben, stehen neben gewerkschaftlich organisierten Protesten. In letzter Zeit macht sich die Bereitschaft zur Regelwidrigkeit bemerkbar, zuletzt beim Bergarbeiter-Protest in Bonn und der Besetzung der Reichstags-Baustelle in Berlin. Auch werden politische Forderungen artikuliert: »Der Dicke muß weg«, hörten wir bei den Bergarbeiter-Protesten in Bonn.

Defizite

Doch so wichtig die Proteste waren und sind – man muß sich vor einer Überbewertung hüten. Es waren und sind jeweils vereinzelte Aktionen. Sie blieben isoliert, bezogen auf die Betriebe oder die Branche. Nur selten sprang der Funke über und bewirkte spontane Solidarisierung aus anderen Sektoren. Eine Koordinierung im DGB hat nicht stattgefunden, auch da nicht, wo sie möglich gewesen wäre.

Die Aktionen waren und sind Abwehrkämpfe. Es ging um die Verteidigung des Bestehenden. Um Mißverständnissen vorzubeugen: In Zeiten des Sozialabbaus und der Arbeitsplatzvernichtung ist Verteidigung schon ein Erfolg. Doch die Nur-Verteidigungsposition erschwert es, den Protest zu verbreitern, ihn in eine weiterführende Kampagne einzubetten und zu politisieren.

Herausforderungen und Perspektiven

Die skizzierten Kritikpunkte kennzeichnen zugleich die Herausforderungen, vor denen die Gewerkschaften stehen.

1. Verantwortung in den Betrieben stärken

Die Durchsetzungsmacht der Gewerkschaften steht und fällt mit ihrer Verankerung in den Betrieben. Diese Binsenweisheit an den Anfang zu stellen, ist in Zeiten der verschärften Konkurrenz und der Auflösung überbetrieblicher Bindungen, vor allem des Tarifvertrages, nötiger denn je. Wenn Arbeitgeber den Konflikt in die Betriebe verlagern, werden die Gewerkschaften unter anderem dorthin folgen müssen, statt etwa der Illusion aufzusitzen, durch Deregulierung den Tarifvertrag erhalten zu können. Durch Freigabe des Inhalts rettet man den Tarifvertrag nicht, sondern löst ihn auf – auch wenn man dies nicht will.

2. Zusammenführung der Proteste

Wo immer möglich, gilt es, den sozialen und gewerkschaftlichen Protest zu bündeln, insbesondere unter dem Dach des DGB zu koordinieren. Nicht immer geht dies, man denke etwa an spontanes Aufbegehren gegen betrieblichen Arbeitsplatzabbau. Doch es gibt immer wieder Situationen, in denen die Zusammenführung möglich ist. Erinnert sei an die tarifvertragliche Verteidigung der Entgeltfortzahlung im Krankheitsfall, die sich übrigens auch mit der Aufrechterhaltung des Kündigungsschutzes hätte verbinden lassen. Doch statt die Auseinandersetzungen, ausgehend von Arbeitsniederlegungen der Mercedes-Beschäftigten, gemeinsam aufzunehmen, haben sich die Gewerkschaften jeweils einzeln auf den Weg gemacht und den Konflikt letztlich nach dem Muster von Leistung und Gegenleistung gelöst – mit dem bekannten zerklüfteten Ergebnis. Die Koordinierung gewerkschaftlichen Protestes ist nicht nur eine Aufgabe für den DGB-Bundesvorstand; mindestens ebenso wichtig ist die Solidarisierung vor

Ort, sind »Bündnisse von unten«, beispielsweise im DGB-Kreis, was in einzelnen Fällen ja durchaus gelungen ist.

3. Sozialer Protest braucht eine Perspektive

Kennzeichen und Achillesferse des Protestes war und ist die Fixierung auf den Status quo. Kennzeichnend ist die aktuelle Leitschnur betrieblichen und tarifvertraglichen Handelns: die Beschäftigungsgarantie. So wichtig sie ist – sie beschränkt sich auf die derzeit Erwerbstätigen.

Als – fast zeitgleich – Berg- und Stahlarbeiter im März dieses Jahres für ihre Arbeitsplätze fochten, war das Ziel erreicht, sobald die Zusage vorlag, keine betriebsbedingten Kündigungen vorzunehmen. Doch stillgelegt wird. Auch wenn denen, die heute noch Arbeit haben, keine Entlassungen drohen: Was geschieht mit ihren Kindern? Was ist mit denen, deren wirtschaftliche Existenz vom Fortbestand der Zechen und der Stahlbetriebe abhängt? Was ist mit all denen, die morgen Arbeit suchen?

Um den Stein noch weiter zu werfen: Muß es zum Beispiel nicht nachdenklich stimmen, wenn die Bereitschaft zu verlängerten Arbeitszeiten ins Kraut schießt, wenn denn nur das Einkommen stimmt? Sind wir in den letzten zwei Jahren im Einsatz für die Reduzierung von Überstunden nicht auch an Hürden in den eigenen Reihen gescheitert? Ist es verwunderlich, wenn in Zeiten existentieller Unsicherheit hinsichtlich des eigenen Arbeitsplatzes, der Rente und hinsichtlich der Berufschancen der Kinder viele bereit sind, mitzunehmen, was sich bietet? Denn man weiß ja nicht, was morgen kommt!

Genau deshalb gilt es, für das Morgen politische Alternativen zu entwickeln, für die zu kämpfen sich lohnt. Geschieht dies nicht, lassen die Gewerkschaften letztlich Mitglieder und Belegschaften in ihren betrieblichen Auseinandersetzungen allein und liefern sie weiterhin der Logik einzelwirtschaftlicher Rentabilität aus. Unsere Aufgabe ist es daher, eine Perspektive jenseits von Ausgrenzung und Spaltung und jenseits des alles dominierenden Konkurrenzprinzips zu entwickeln, die konkrete Utopie einer solidarischen Gesellschaft also, wenn wir aus den Gräben der Verteidigung heraustreten wollen.

Und umgekehrt: Bündnisse für »Arbeit und Standort«, die sich die Logik der wechselseitigen Unterbietung zu eigen machen, bestätigen das neoliberale Weltbild und verstärken es noch.

Hinzu kommt: Die Gewerkschaften stehen immer wieder in der Versuchung, in ihrer täglichen Arbeit eine gewerkschaftliche

»Politik der Mitte« zu betreiben, also eine Politik für die, die in der Mitte stehen, für die, die Arbeit haben. Die Folge ist eine wachsende Distanz von Arbeitslosen und Jugendlichen gegenüber den Gewerkschaften. Auch deshalb sind Zukunftsentwürfe einer solidarischen Gesellschaft überlebenswichtig.

4. Öffentliche Arbeit – Arbeitszeitverkürzung – Schutz und Mitbestimmung

Die Alternative kann nur in einer ökonomischen und sozialen Gestaltung am Maßstab von Solidarität, demokratischen und sozialen Rechten, einschließlich des Rechts auf Arbeit, liegen.

Ich will dies an drei Beispielen erläutern:

■ Es gäbe wahrlich genug zu tun, um Millionen Menschen wieder Arbeit zu geben. Die Beispiele reichen von der öffentlichen Infrastruktur, dem Angebot an Bildung und Kultur, dem Ausbau öffentlichen Nahverkehrs, der Entwicklung und Verbreitung umweltschonender Energie, bis zum Angebot öffentlich geförderter Arbeit, auch in neuen Organisationsformen. Um solche Arbeiten zu finanzieren, bedarf es u.a. einer stärkeren Inanspruchnahme der Vermögenden und der Bezieher hoher Einkünfte – statt die unproduktive Nutzung von privatem Reichtum zu fördern. Mit anderen Worten: Umverteilung von Reichtum und Einkommen ist notwendig. Um aus dem gemeinsamen Wort der beiden Kirchen zu zitieren: »Wer über Armut spricht, muß auch den Reichtum zum Thema machen.« Eine solche Politik setzt allerdings voraus, daß der systematischen Reduzierung des Sozialstaates und der öffentlichen Hand ein Ende gesetzt wird. Wer Reformen, also die Überwindung gesellschaftlicher Fehlentwicklungen will, braucht ein finanziell handlungsfähiges öffentliches Gemeinwesen. Das ist das genaue Gegenteil der gegenwärtigen Auszehrung und Privatisierungsfeldzüge.

■ Ein anderes Element ist die Umverteilung der Arbeit. So unbequem es sein mag, wir müssen Abschied nehmen von Wachstums-Illusionen. Wenn von ökonomischen Veränderungen die Rede ist, so liegen hier die entscheidenden Faktoren, weniger dagegen in dem Modebegriff der »Globalisierung«, der mehr die Funktion hat, Öffentlichkeit und Belegschaften gefügig zu machen, als reale Veränderungen zu beschreiben. Die komfortablen Zeiten sind vorbei, da wir uns darauf konzentrieren konnten, um die Verteilung des Zuwachses zu streiten. Daher ist es unabhängig vom Ausbau des öffentlichen Sektors unerläßlich, die Arbeit umzuverteilen. Die Schere zwischen Wachstumsrückgang und

Produktivitätsfortschritt bewirkt ohnehin eine dauerhafte Verkürzung der gesamtgesellschaftlichen Arbeitszeit, und zwar in ihrer inhumanen Variante zunehmender Arbeitslosigkeit.

Angesichts dieser Lage grenzt es an staatlich organisierten Wahnwitz, wenn bei bestehender und wachsender Massenarbeitslosigkeit denen, die Arbeit haben, längere Arbeitszeiten verordnet werden, seien es wöchentliche Arbeitszeiten im Betrieb, sei es die Heraufsetzung des Rentenalters! Auch wünsche ich mir, daß wir wieder mehr von Verkürzung der Arbeitszeit und weniger von Flexibilisierung sprechen: Mit Verlaub, flexible Arbeitszeiten schaffen keine Arbeitsplätze, sondern vernichten sie.

Arbeitszeitverkürzung ist das Gebot der Stunde. Sie steht unter der doppelten Perspektive, die Arbeit gerechter zu verteilen und allen mehr Zeit zum Leben zu verschaffen, auch unter Berücksichtigung individueller Lebenslagen und eigener Bedürfnisse. Zeitwohlstand heißt ja wohl auch, den Menschen zum Herrn seines Lebens zu machen. Das Maß der Arbeitszeitverkürzung muß, wenn sie einen Beitrag zur Überwindung der Arbeitslosigkeit leisten soll, deutlich über die bisherigen Schritte hinausgehen. Die Tarifverträge werden dafür Grundlagen schaffen müssen. Doch Tarifpolitik allein reicht nicht aus. Die unterschiedlichen Formen der Arbeitszeitverkürzung bedürfen eines Zusammenspiels von tarifvertraglichen Rechten, sozialrechtlichen wie steuerrechtlichen Reformen.

Schon dies macht deutlich, daß Widerstand allein der Gewerkschaften nicht ausreicht. Erfolg werden wir nur erreichen im Bündnis mit politischen Parteien, gesellschaftlichen Bewegungen und Wissenschaftlern, eingebettet in die politische Vision einer solidarischen Gesellschaft, also des Gegenmodells marktradikaler Zerstörung.

■ Ein drittes Element einer Alternative zur herrschenden Politik sind arbeitsrechtlicher Schutz und Mitbestimmung. Das beginnt bei Kündigungsschutz und Rechten zur Gestaltung der Arbeitsbedingungen, schließt die Tarifautonomie ein und endet bei der Mitbestimmung, um die es in letzter Zeit recht still geworden ist. Wer dies im Namen von Flexibilisierung und Deregulierung als rückwärts gewandtes Besitzstandsdenken denunziert, will nicht nur den jahrzehntelangen Kampf um sozialen Fortschritt und Demokratie im Arbeitsleben vergessen machen. Der verkennt vor allem den freiheitsverbürgenden Charakter von sozialen Rechten: Es gehört zum aufrechten Gang und ist ein Stück Freiheit, nicht Angst haben zu müssen vor Willkür, vor sozialen Risiken und vor Entlassung. Wer arbeits- und sozialrechtlichen Schutz als »Zwangsregime des Wohlfahrtsstaates« kennzeichnet, worin sich jüngst liberale Yuppies gefallen, errichtet selbst ein Regime von Angst und Demütigung.

5. Erweiterung des Interessenbegriffs

Die Bemerkungen über öffentliche Arbeit und Arbeitsumverteilung verweisen auf die Notwendigkeit, den gewerkschaftlichen Interessenbegriff zu erweitern. Gewerkschaftliche Politik kann sich nicht allein auf Betriebe und das Arbeitsleben beschränken. Ebenso wie von starken Betriebsräten und guten Tarifverträgen wird die soziale Lebenslage der Menschen von Wohnung und Verkehr, von Schulen, Kindergärten und Kultur, von Umwelt und Bewohnbarkeit der Städte geprägt.

Es gilt, den ganzen Reichtum zu entfalten, dessen moderne Gesellschaften fähig sind, – statt die Industriegesellschaften in standortbesessener Austeritätspolitik kaputtzusparen. Um auf Feldern der öffentlichen Infrastruktur nicht nur artikulationsfähig zu sein, sondern auch soziale Bewegungen zu unterstützen und anzustoßen, also um durchsetzungsmächtig zu sein, müssen sich die Gewerkschaften in die Lage versetzen, die Interessen ihrer Mitglieder zu verallgemeinern.

Abermals zeigt sich, wie unverzichtbar ein starker und bewegungsfähiger Bund ist, der unabhängig von Branchenegoismen die Souveränität hat, mit sozialen Bewegungen zu kooperieren, neue Formen des sozialen Experiments zu entwickeln, auch Bürgerrechte zu verteidigen, und – wenn nötig – phantasievolle Formen des Ungehorsams zu entwickeln.

Vor einer anderen Verengung des Interessenbegriffs ist zu warnen: der Blickverengung auf das klassische Mitglied der Industriegewerkschaft. Nach wie vor dominieren die Erwartungen und Prägungen der männlichen Industriearbeiter. Bedürfnisse von Angestellten, vor allem aber von Frauen, haben immer noch geringere Artikulations- und Durchsetzungschancen. Wie etwa soll ein Projekt der Arbeitsumverteilung aus den Gräben verkniffener Mängelverwaltung heraustreten, solange wir nicht die emanzipatorischen Chancen von Zeitwohlstand begreifen und in den Vordergrund rücken? Der Durchsetzung von Zeit für uns selbst, von Zeit-Räumen für autonome Lebensgestaltung, für Beziehungen und Familie, für Emotionen und Zuwendung, für Phantasie, Spiel und Reflexion, auch Zeit zum Träumen, in gleicher Weise für Männer wie für Frauen? Das allerdings heißt zugleich, die auch in den Gewerkschaften tabuisierte Rollenverteilung zwischen den Geschlechtern zu überwinden.

6. Neuer Internationalismus – Europäisierung der Gewerkschaften

Die Gegenwehr muß international sein. Beginnen wir mit dem Europa der Europäischen Union. Schon heute ist es tagtägliche Erfahrung von Betriebsräten und Gewerkschaften, daß sie gegen Belegschaften und Beschäftigte im Ausland ausgespielt werden. Auch wenn – nein, richtiger, gerade weil – es überwiegend Bluff und Erpressung unter Vorspiegelung von Unwahrheiten ist, müssen Belegschaften und Gewerkschaften enger zusammenrücken.

Unter den Bedingungen der Europäischen Währungsunion ist dies existentiell geboten, da spätestens von diesem Zeitpunkt an die Verantwortung für den Ausgleich unterschiedlicher Produktivitäts- und Standortbedingungen ausschließlich der gewerkschaftlichen Tarifpolitik wie der staatlichen Sozialpolitik aufgeladen wird. Daher kann eine gemeinsame Währung nur akzeptiert werden in einer demokratisch verfaßten Gemeinschaft mit autonomen Rechten des Europäischen Parlaments und im Kontext mit einer europäischen Sozial- und Beschäftigungspolitik. Die verheerende Eindimensionalität der monetären Kriterien von Maastricht muß abgelöst werden durch die Gleichrangigkeit von sozialen Rechten und Zielen, wie der Herabsetzung der Arbeitslosenquote.

Unabhängig davon sind die Gewerkschaften gefordert, ihre Politik zu europäisieren. Sie müssen sich auf gemeinsame Schwerpunkte verständigen. Das schließt ausdrücklich das Projekt kürzerer Arbeitszeiten ein. Auch die Perspektive von europäischen Tarifverträgen darf kein Tabu sein. Insgesamt gilt es, der Versuchung zu widerstehen, den eigenen Standort auf Kosten anderer zu retten. Dumping erzeugt Gegendumping; Exportoffensiven erzeugen Abwehrmaßnahmen, gestern Abwertung, morgen Sozialabbau; ganz zu schweigen von der Einsicht, daß eine Wirtschaftspolitik, die Disparitäten in Kauf nimmt und die eigenen Probleme den Nachbarn aufzuhalsen versucht, notwendig auch der eigenen Entwicklung Grenzen setzt.

Damit ist die weitere Aufgabe des politischen Internationalismus angesprochen. Entgegen allen Fortschrittsverheißungen fördert die entfesselte Marktwirtschaft nicht etwa die gleichgewichtige Entwicklung aller Regionen; umgekehrt erzeugt sie national wie im Weltmaßstab Spaltungen, Ausgrenzungen und Disparitäten. So stehen wir vor der Erscheinung, daß nach wie vor ein großer Teil des hierzulande aufgehäuften Reichtums, auch des relativen sozialen Wohlstands, auf der fortgesetzten Ausbeutung der Menschen in unterentwickelten Regionen beruht. Zugleich verstärken die weltweiten Disparitäten und die Verarmung ganzer Regionen die stagnativen Tendenzen in den industriellen Metropolen. Wieviel sinnvoller wäre es, den Reichtum weltweit so zu verteilen, daß überall Chancen für gleichgewichtige wirtschaftliche Entwicklung gegeben wären?

Spätestens hier stellt sich die Frage, wie Fortschritt und Wohlstand zu definieren sind, und zwar aus Gründen der demokratischen wie einer ökologisch vertretbaren Entwicklung. Aufgabe eines alternativen Konzepts für eine solidarische Gesellschaft ist es mithin auch, der der marktwirtschaftlichen Entfesselung innewohnenden Tendenz, die eigenen wirtschaftlichen, sozialen und politischen Grundlagen zu zerstören, entgegenzutreten.

7. Das politische Mandat der Gewerkschaften

Wie in einem Brennglas bündeln sich die zuvor genannten Schlußfolgerungen letztlich im politischen Mandat der Gewerkschaften, das entsprechend den veränderten Bedingungen neu definiert und neu praktiziert werden muß. Die Gewerkschaften müssen den Unternehmern nicht nur in die Betriebe, sondern auch in den politischen Raum folgen. National wie international; sie müssen sich politisieren und globalisieren. Gesetzliche Regelungen und EU-Richtlinien gewinnen in dem Maße an Bedeutung, wie die Bindungswirkung der Tarifverträge erodiert und die Tarifautonomie aufgrund politischer Entscheidungen ins Leere läuft.

Damit ist ein Tabu der deutschen Gewerkschaften angesprochen. Mit der Prosperitätsphase in den 50er Jahren begann eine außerordentlich erfolgreiche Epoche der Tarifpolitik. Sie war zugleich die Antwort darauf, daß die wirtschaftlichen Neuordnungspläne in Zeiten stabiler CDU-Mehrheiten keine Erfolgschance hatten. So lautete die Erkenntnis, mit der Otto Brenner 1956 die Verabschiedung des Aktionsprogramms und die Konzentration auf tarifvertragliche Nahziele begründet hat. Die Erfolge dieser Neuorientierung haben den Vorrang des Tarifvertrages vor dem Gesetz entstehen lassen. Gesetzliche Mindestarbeitsbedingungen spielen seitdem eine untergeordnete Rolle. Diese Rollenverteilung zwischen Tarifvertrag und Gesetz gilt es kritisch zu hinterfragen, und zwar in dem Maße, in dem Tarifverträge ihre Bindungswirkung verlieren. Dazu bedarf es einer adäquaten Durchsetzungsstrategie, die konsequenterweise auch politische Aktionen einschließt, auch den politischen Streik – der übrigens im März dieses Jahres im Bergbau stattgefunden hat.

In einem Interview mit der »Basler Zeitung« sagte Pierre Bourdieu: »Wenn wir die deutschen Gewerkschaften mit der französischen Arbeiterbewegung verbinden könnten – das wäre gut. Darum wünsche ich mir eine Europäisierung der Gewerkschaften.« Wohlan, beherzigen wir diesen Appell. Es geht um unser Europa.

Claude Debons

Der soziale Protest in Frankreich und die Rolle der Gewerkschaften

Ich bin Funktionär der FGTE, die der CFDT angehört und Eisenbahner, Beschäftigte von Fluggesellschaften, Schiffer und Beschäftigte des öffentlichen Nahverkehrs organisiert. So hatte ich Gelegenheit, an den großen Eisenbahnerstreiks der Jahre 1986 und 1995, aber auch am großen Streik der Fernfahrer im November 1996 teilzunehmen.

Diese Aktionen stehen in einer langen französischen Tradition. Seit Beginn des 20. Jahrhunderts ist es mehrfach zu großen sozialen Erschütterungen gekommen:1906, 1917-1920, 1936, 1947-48 und 1968, wobei das letztere Datum sicherlich besondere Charakteristika aufweist.

Die soziale Bewegung im November und Dezember 1995 kann durch mehrere Faktoren gekennzeichnet werden:

■ ihre Dauer: Die Mobilisierung hat sich während drei Wochen nicht abgeschwächt;

■ ihre Ausdehnung: Bei den Kundgebungen versammelten sich zwischen einer und zwei Millionen Menschen;

■ ihre Popularität: Die Bewegung profitierte von großer Zustimmung in der gesamten Bevölkerung;

■ dem Verlangen nach Einheit, symbolisiert in dem Slogan »Alle zusammen«.

Speerspitze waren die Beschäftigten des öffentlichen Dienstes, besonders aus dem Verkehrsbereich, SNCF und RATP.

Die Ursachen dieser Bewegung sind vielfältig. Unmittelbarer Anlaß war die Juppé-Reform der Rentenregelungen für die Beschäftigten der staatseigenen Betriebe und des öffentlichen Dienstes sowie die Reform der Sozialversicherung. Hinzu kommt die Zurückweisung der seit Jahren auferlegten Opfer, die die sozialen Ungleichheiten verstärkt haben. Die Bewegung ist aber auch als Ausdruck einer Angst vor der Arbeitslosigkeit und einer ungewissen Zukunft anzusehen, denn zum ersten Mal erscheint die

Zukunft der Kinder sozial prekärer als die ihrer Eltern. Schließlich die Zurückweisung einer politischen Praxis, in der sich nicht gehaltene Versprechen, technokratische Arroganz und Korruption mischen.

Diese Bewegung war eine Mischung von sozialer Dynamik und diffuser Angst, in der die Beschäftigten des öffentlichen Dienstes eine erstrangige Rolle gespielt haben. Dafür gibt es mehrere Gründe: Natürlich hat die Tatsache, nicht von der Arbeitslosigkeit bedroht zu sein, es erlaubt, eine Fähigkeit zur Mobilisierung zu bewahren, doch das ist nicht alles. Der öffentliche Dienst gehört zum historischen Erbe Frankreich, einem Land, in dem der Staat sehr früh eine bestimmende Rolle bei der ökonomischen Entwicklung gespielt hat. Die Post, die Straßen wurden vom Königreich aufgebaut und die Französische Revolution gab dem ganzen eine Philosophie: das Gemeinwohl. Ein Sektor wie die Eisenbahnen symbolisiert diese Dimension: Motor der kapitalistischen Entwicklung am Ende des letzten Jahrhunderts; Schmelztiegel der großen Arbeiterkämpfe 1910, 1920, 1947, 1953, 1968, 1971, 1986, aber auch während der Résistance im Zweiten Weltkrieg; Werkzeug des nationalen Wiederaufbaus nach 1945; Instrument der ökonomischen Modernisierung und des technologischen Fortschritts. Daraus resultiert ein besonderer Eisenbahnerstolz.

Der öffentliche Dienst ist Teil einer kollektiven Identität, die über die Arbeiterklasse hinausreicht. Daher trifft seine Infragestellung auf einen starken Widerstand der Beschäftigten, der von der Bevölkerung unterstützt wird.

Die Unternehmen des öffentlichen Dienstes stecken seit mehreren Jahren in einer tiefgehenden Malaise. Die liberalen Praktiken der Deregulierung und Privatisierung treffen mit voller Wucht Aufgaben und Kultur des öffentlichen Dienstes. In den ideologischen Kampagnen werden der öffentliche Dienst als überholt dargestellt und die Vorzüge der Privatunternehmen und des Profits gepriesen. Die Beschäftigten leiden unter den Versuchen des Erweckens von Schuldgefühlen angesichts der Arbeitslosigkeit und sind gleichzeitig Opfer von Lohnsenkungen und der Verschlechterung der Arbeitsbedingungen. Aber auch die neuen Praktiken der Betriebsführung des öffentlichen Dienstes, übernommen aus dem Privatsektor, haben die Beschäftigten verunsichert.

Der historische Ort des öffentlichen Dienstes in unserem Land, die Offensive, ihn zu zerschlagen, und die Malaise der Beschäftigten erklären die Bedeutung ihrer Aktion. Dazu kommt natürlich noch die Tatsache, daß die öffentlichen Unternehmen eine größere gewerkschaftliche Verankerung haben als der Durchschnitt der privaten Wirtschaft. Die Revolte der Beschäftigten des öffentlichen Dienstes ist schließlich auch eine Revolte gegen die liberale Konzeption Europas.

Dieser sozialen Bewegung sind warnende Vorzeichen vorangegangen:

■ Nach den Niederlagen der Arbeitskämpfe Ende der siebziger und zu Beginn der achtziger Jahre sowie nach den Enttäuschungen angesichts der neoliberalen Politik der Linksregierung ab 1983 ist es zu einer Remobilisierung der Arbeiter gekommen.

■ Eine neue soziale Bewegung hat sich ab 1986 entwickelt – inmitten der Kohabitationsphase Mitterand-Chirac. Aufgrund fehlender politischer Perspektiven hat das Streben nach Veränderung den Weg der sozialen Bewegung eingeschlagen. 1986: Studentenkundgebungen gegen die Reform Devaquet, Streik der Eisenbahner und Auftreten der »Koordinationen« neben den Gewerkschaften. 1988: Streik der Krankenschwestern und auch da Auftreten der »Koordinationen«. Auch die folgenden Jahre sahen Kämpfe der Beschäftigten, die wichtiger waren als in der vorhergehenden Periode.

■ Zu beobachten war auch eine Wiederbelebung von antirassistischen und feministischen Bewegungen, wie auch das Erscheinen neuer Vereinigungen zum Kampf gegen die Arbeitslosigkeit und den sozialen Ausschluß, für das Recht auf Wohnung etc. Am 6. Januar 1994 vereinte eine große Kundgebung 800.000 Menschen in Paris gegen ein Reformprojekt des nationalen Erziehungswesens, vorgelegt von der Rechten.

Die Bewegung vom November und Dezember 1995 ist daher Ausdruck der Veränderungen, die zuvor im Bewußtsein und bei der Mobilisierung der Beschäftigten stattgefunden haben.

Die Resultate, die sie erreicht haben, sind widersprüchlich: Die Regierung mußte das Rentenreformprojekt des öffentlichen Dienstes zurückziehen. Aber sie hielt an ihrer Politik der Reform der Sozialversicherung fest. Auch die Verhandlungen über die Beschäftigung haben nichts gebracht.

Die französische Gewerkschaftsbewegung befand sich in dieser Periode in einer schwierigen Lage. In Stichworten:

■ Mitgliederkrise: Nur 8 bis 9% der Beschäftigten sind gewerkschaftlich organisiert.

■ Krise der Militanz: Keine neue Generation hat in nennenswertem Ausmaß die des Mai '68 abgelöst.

■ Krise der Wirksamkeit: Unfähigkeit, sich den Entlassungen und der Arbeitslosigkeit zu widersetzen.

■ Krise des Projekts: Schwierigkeiten, eine Alternative zum Liberalismus vorzuschlagen.

■ Ihre Rolle bei der Erkämpfung früherer sozialer Errungenschaften ist teilweise vergessen.

Diese Schwäche der französischen Gewerkschaftsbewegung hat zum Teil länger zurückliegende historische Wurzeln: Dazu gehört das Gewicht des jakobinischen Staates bei der ökonomischen und sozialen Regulation und als Ort der Synthese des Gemeinwohls, sowie die Trennung von Gewerkschaftsbewegung und gegenseitiger Unterstützungsbewegung unter Napoléon III. 1852, was der Gewerkschaftsbewegung in großer Zahl Mitglieder entzieht.

Trotzdem hat der Gewerkschaftsgedanke eine wichtige Rolle bei der Bewegung gespielt: Bei den Eisenbahnern war die Aktionseinheit aller Gewerkschaftsorganisationen der Motor der Mobilisierung. Die Gewerkschaften CGT und FO haben die großen berufsübergreifenden Kundgebungen organisiert.

Doch die soziale Bewegung ließ die Widersprüche und Grenzen des französischen Gewerkschaftswesens erkennen. Auch wenn die Einheit bei der Basis oder bei den Berufsgruppen existiert hat, war das bei den Gewerkschaften nicht der Fall. Die Führer der CFDT haben den Juppé-Plan unterstützt und die Bewegung bekämpft. Die Direktion der CFDT praktizierte die Strategie, die neoliberalen Politiken zu begleiten. Die FO hat sich als sehr konservativ erwiesen, in ihrem Glauben, daß es ausreiche, die sozialen Regeln der 50er und 60er Jahre anzuwenden, damit die heutigen Probleme gelöst werden. Die CGT hat die Bewegung sehr wirkungsvoll begleitet, aber sie vermochte es nicht, ihr Perspektiven zu verschaffen und alternative Vorschläge für den sozialen Schutz und die Beschäftigung vorzubringen. Neue gewerkschaftliche Organisationen haben sich in dieser Bewegung herausgebildet: Die Fédération Syndicale Unitaire (FSU), hervorgegangen aus einer Abspaltung der Fédération de l'Education Nationale (FEN), was auch der Fall ist bei der SUD (Solidaire, Unitaire, Démocratique) bei der Post.

Verwerfungen sind sichtbar geworden: Militante haben die CFDT verlassen, um SUD Gewerkschaften bei den Eisenbahnen, Finanzämtern und im Erziehungswesen zu gründen. Eine öffentliche Oppositionstendenz hat sich bei der CFDT unter dem Namen »Alle zusammen« gebildet. Die Meinungsverschiedenheiten, die innerhalb der FO bezüglich der Einheit mit der CGT und einer Strategie kämpferischer Aktionen aufgetreten sind, dürften zu einer Spaltung führen. Die Debatte innerhalb der CGT über ihre Entwicklung setzt sich fort. Dies dürfte noch beschleunigt werden, wenn die CGT in die europäische Gewerkschaftsbewegung aufgenommen sein wird.

Die soziale Bewegung hatte und hat Folgewirkungen. Erstens intellektuelle: durch die Intervention der Intellektuellen, die seither anhält, aber auch von Seiten junger Ökonomen, die einen Aufruf »Zum Ausstieg aus dem (liberalen) Einheitsdenken« verfaßt haben. Dadurch ist die ideologische Hegemonie der Anhänger des Liberalismus erschüttert worden. Zweitens sind soziale Folgewirkungen festzustellen, die sich im Streik der Lastwagenfahrer manifestierten. Und schließlich sind die politischen Folgen offenkundig, die sich im Sieg der Linken bei den Parlamentswahlen – zweifellos eine Auswirkung der Streiks vom November und Dezember 1995 – niedergeschlagen haben.

Die Gewerkschaftsbewegung steht heute wieder vor großen Fragen: Welche Perspektiven soll man den Protestbewegungen vorschlagen, die in zahlreichen Ländern auftreten? Diese Revolten widersetzen sich den Auswirkungen der weltweiten Ausdehnung der Ökonomie und dem Vorhaben der Verfechter des Liberalismus, die sozialen Regeln, die in früheren Perioden erkämpft worden waren, in Frage zu stellen. Die Gewerkschaftsbewegung, wie sie sich in den Wachstumsjahren entwickelt hat, hat für die neuen Herausforderungen keine angemessenen Antworten: weder auf die ökonomische und finanzielle Globalisierung, noch auf die Gesetze des Marktes, die an die Stelle der demokratischen Debatte treten. Die Gewerkschaften haben aber auch keine hinreichenden Antworten auf die Massenarbeitslosigkeit, die wachsende Ausgrenzung, die verstärkten sozialen Ungleichheiten und auf den Aufstieg des Rassismus und der extremen Rechten in unserem Land.

Wir müssen uns einer enormen Denkanstrengung unterziehen, um eine neue, unserer Epoche angemessene Gewerkschaftsstrategie zu entwickeln. Einige Fragen, auf die wir gemeinsame Antworten finden müssen: Welche alternativen Vorschläge formulieren wir angesichts eines Liberalismus, der den sozialen Fortschritt zerstört?

Welche europäische Konstruktion und welche gewerkschaftliche Aktion schlagen wir vor? Wir haben große Schwierigkeiten zu verhindern, daß die ökonomische Konkurrenz zu einer Konkurrenz zwischen den Arbeiterklassen führt, z.B. im Transportgewerbe.

Welche gewerkschaftliche Aktion führen wir durch, um die Arbeitslosen und Ausgeschlossenen zu organisieren und sie nicht der Hoffnungslosigkeit und den Neofaschisten zu überlassen?

In Frankreich müssen wir die Frage beantworten: Wie können wir die gewerkschaftliche Spaltung überwinden?

Wie kann man dauerhaft die Defensive in den Unternehmen und Branchen überwinden, um eine berufsübergreifende Offensive aufzubauen?

Von unserem Widerstand und unserer Fähigkeit, Perspektiven aufzuzeigen, hängen die soziale Zukunft Europas und darüber hinaus die Fortschritte der Menschheit ab.

Aus dem Französischen von Franz Hector

Helmut Schauer

Protest und Verwirrung

Wochenlang wurde die politische Situation in der Bundesrepublik von sozialen Protesten geprägt. Zuerst hat 1996 der Konflikt
um die Verschlechterung der Lohnfortzahlung im Krankheitsfall
die innenpolitische Agenda mitbestimmt – bis zur faktischen
Korrektur des dazu beschlossenen Gesetzes. Und kaum weniger
spektakulär haben dann die Protestaktionen der Berg-, der Stahl-
und der Bauarbeiter im Frühjahr 1997 gewirkt.

Doch bereits wenige Wochen später scheint es fast so, als hätten die Proteste kaum Spuren hinterlassen. Das muß nicht weiter
verwundern, wenn man die Logik des Medienbetriebs in Rechnung stellt. Für diesen wird aus den Protesten solange ein ver-
wertbares Spektakel, wie sie tatsächlich anhalten. In unseren Fällen war die Berichterstattung durchaus auch von Verständnis für
den Unmut der Protestierenden geprägt. Ist aber die Straße wieder frei und damit die bildträchtige Aktion vorbei, wird auf die
nächste Sensation umgeschaltet, und politisch spielt sich dann
allmählich wieder die Tonlage ein, die der Protest aus dem Konzept gebracht hatte. So »überraschend« und »plötzlich«, wie der
Unmut aufgebrochen war, so schnell scheint er auch verflogen.

Es wäre angebracht und interessant, genauer der Frage nach-
zugehen, inwiefern die Proteste zu Korrekturen in der allgemeinen Deutung der politischen Lage beigetragen haben. Allerdings
legt ihre öffentliche Darstellung eher die Hypothese nahe, daß
sie überwiegend als kurzfristige, vorübergehende Ausbrüche und
Aufwallungen, als Emeuten und Ventile gesehen werden, die nach
ihrer akuten Entschärfung und Pazifizierung kaum weitere Folgen haben.

So scheinen die Proteste vielfach auch in den Gewerkschaften
verstanden zu werden. Von einer internen Aufarbeitung, von
gründlicheren Analysen und der Diskussion möglicher Konsequenzen für die eigene Politik ist jedenfalls wenig zu sehen. Schon
die ursprüngliche Wahrnehmung der Proteste blieb eher oberflächlich. Und manche Gewerkschaften haben ihr eigenes Pressewe-

sen und ihre organisationsinterne Öffentlichkeit inzwischen so weit verschlankt, daß buchstäblich fast das Organ für die eingehendere Beobachtung, für die kritisch-politische, nötigenfalls auch selbstkritische Diskussion solcher Prozesse fehlt.

Die Dokumentation und Aufarbeitung der Protestbewegungen wäre ein Forschungsprojekt wert. Im folgenden Beitrag kann das Verhältnis von Protest und Gewerkschaftspolitik angesichts der Erfahrungen der letzten Monate lediglich in einigen vorläufigen und thesenhaften Überlegungen eingekreist werden.

Über den Anlaß hinaus: sozialer Unmut und ernüchternder Realismus

Protestbewegungen entzünden sich stets an bestimmten Einzelfragen, und das erst recht, wenn sie als spontane Massenaktion auftreten.[1] Insofern ist der Protest immer selektiv, er tritt als Einpunktbewegung gegen den Angriff auf die Lohnfortzahlung, gegen beabsichtigte Zechenschließungen, gegen die feindliche Übernahme von Thyssen, gegen die Zerstörung des Arbeitsmarktes im Baugewerbe auf. Von solchen direkten Anlässen sind die Proteste nicht abzulösen. Es verfehlt ihren spezifischen Charakter und verstellt politische Einsicht, wenn sie vorschnell im Sinne eines Wiedererwachens der Arbeiterbewegung oder als Generalangriff gegen den Neoliberalismus pauschalisiert werden.

Sicherlich sind die einzelnen Protestbewegungen eingebettet in eine übergreifende, allgemeine historisch-politische Konstellation, in der sie sich definieren und auch miteinander korrespondieren. So haben die französischen Protestbewegungen für die deutschen zweifellos in starkem Maße beispielgebend gewirkt. Das zeigt schon der Slogan »Lieber französische Zustände als amerikanische Verhältnisse«, der unabhängig voneinander an verschiedenen Punkten des deutschen Protestes aufgetaucht ist. Und daran zeigt sich auch sogleich, daß gerade in solchen Korrespondenzen das Allgemeine aufscheint, mit dem der Einzelprotest über seinen unmittelbaren Anlaß hinausschießt.

Direkt von der Regierungspolitik und ihrer Radikalisierung nach der Aufkündigung der Konsensgespräche (»Bündnis für Ar-

---

[1] Vgl. Niklas Luhmann, Protest – Systemtheorie und soziale Bewegungen, hrsg. v. Kai-Uwe Hellmann, Frankfurt a. M. 1996, insb. S. 209f.

beit«) wurde jedenfalls der Protest für die Lohnfortzahlung, aber auch die Aktionen der Bergarbeiter herausgefordert. Insofern waren die Proteste auch Ausdruck eines wachsenden Unmuts über die herrschende Politik, so wie das auch mit der populistischen Parole »Der Dicke muß weg!« von den Bergarbeitern in Bonn skandiert wurde.

Über solche eher scheinradikalen Populismen hinaus dürften sich die Proteste jedoch durchaus auch aus tiefergehenderen und allgemeineren Diskrepanzen und Unzufriedenheiten gespeist haben, die von der gesellschaftlichen politischen Krisenentwicklung erzeugt werden. Darauf deuten jedenfalls u.a. die Befunde hin, die das Allensbacher Meinungsforschungsinstitut in seinem monatlichen Bericht vom März 1997 dargestellt hat.[2] Danach haben die aufgeregten Reformdebatten (Steuern, Renten, Gesundheitswesen) in Bonn bei der Bevölkerung zu wachsender Unsicherheit, Ratlosigkeit und Desorientierung geführt. Dabei ergreift der Zerfall des gesellschaftlichen Grundkonsenses nicht nur die Oberfläche der politischen Sphäre, sondern ebenso nachhaltig die Arbeitgeber-Arbeitnehmer-Beziehungen:

»69 Prozent der Bevölkerung haben den Eindruck, daß das Verhältnis zwischen Arbeitgebern und Arbeitnehmern in den letzten Jahren rauher geworden ist. 51 Prozent halten die Interessen von Arbeitgebern und Arbeitnehmern letztlich für unvereinbar und die Partnerschaft in der Wirtschaft für eine inhaltsleere Floskel. In den alten Ländern sind immerhin 43, in den neuen Ländern nur 22 Prozent der Bevölkerung von dem Gefühl einer Interessengemeinschaft von Arbeitgebern und Arbeitnehmern bestimmt.«

Zugleich zeigt sich, wie stark die neoliberalen Arbeitgeberideologien im Kern delegitimiert sind:

»Die Rationalisierungsmaßnahmen und -erfolge der Unternehmen finden in der Bevölkerung wenig Anerkennung. Nur 24 Prozent sind überzeugt, daß die Minimierung der Kosten zur Verbesserung der Wettbewerbsfähigkeit auch im Interesse der Arbeitnehmer die vernünftigste Strategie ist. 82 Prozent haben mittlerweile den Eindruck gewonnen, daß die meisten Unternehmen die Erhaltung von Arbeitsplätzen gar nicht mehr anstreben, sondern Gewinnmaximierung zum einzigen Maßstab ihres Erfolgs machen.«

---

[2] Vgl. Renate Köcher, Unbehagen in der Reformdebatte. In: Frankfurter Allgemeine Zeitung v. 12.3.1997.

Für die Allensbacher Meinungsforscher scheint es ein Trost zu sein, daß die entsprechenden Urteile etwas weniger eindeutig ausfallen, wenn sie auf den jeweiligen eigenen Betrieb bezogen werden und 32% der Arbeiter und Angestellten der Privatwirtschaft erklären, für ihren Betrieb seien »Arbeitspätze auch wichtig«. Vergegenwärtigt man sich jedoch das Ausmaß, in dem die Arbeitnehmer in den letzten Jahren aus Angst um die Arbeitsplätze in den Betrieben Opfer hingenommen haben, dann muß es eher überraschen und als Hinweis auf zunehmende Ernüchterung verstanden werden, wenn insgesamt 46 und darunter 64% der Befragten aus Betrieben mit mehr als 300 Beschäftigten angeben, bei ihrem Arbeitgeber zählten »fast nur niedrigere Produktionskosten und höherer Gewinn«. Diese Befunde dürften die Vermutung bestärken, daß den neueren Protestbewegungen auch ein ernüchterter Realismus zugrunde gelegen hat.

Gegen die Arroganz der Macht

Der Angriff auf die Lohnfortzahlung hat die stärkste und die politisch durchschlagendste Protestbewegung hervorgerufen, die es in den letzten Jahren gegen die neoliberalen Zumutungen in der Bundesrepublik gegeben hat. Sicherlich haben die westdeutschen Arbeitnehmer trotz Hinnahme vielfacher und teils massiver Verschlechterungen ihrer Arbeits- und Einkommensbedingungen auch in der jüngeren Vergangenheit immer wieder Protestbereitschaft gegen allzu dreiste und unverfrorene Verletzungen von Gerechtigkeitsmaximen gezeigt. Dieses Engagement spielte sich im Rahmen der gewerkschaftlichen Tarifbewegungen ab. Die Gewerkschaften riefen, »mobilisierten« und manchmal kamen dann auch schon überraschend viele.

Die von der aktionistischen, aggressiv sozialstaatsfeindlichen Politik beabsichtigte, wirtschaftlich und arbeitsmarktpolitisch unsinnige Verschärfung des individuellen Krankheitsrisikos, die mit der erkämpften Lohnfortzahlung eines der herausragenden Symbole sozialpolitischen Fortschritts in der Nachkriegsgeschichte betraf, brachte das Faß zum Überlaufen. Dagegen mußten die Gewerkschaften nicht erst mobilisieren. Der Protest hat nicht nur die Regierungsmehrheit überrascht, die eingelullt von der neoliberalen Medienöffentlichkeit den Unmut »übersehen« hatte, der sich gegen ihre Politik aufbaute. Mit dem hochgradig spontanen Protestwillen, der hier aufbrach, konnten auch die Gewerkschaften nicht rechnen, und die Protestwelle hat ihre Aktionsplanungen vielfach überlaufen.

Kalt erwischt wurden aber vor allem die Arbeitgeber. Ihnen hat der Protest die Quittung für Realitätsblindheit, politische Arroganz, Anmaßung und soziale Verantwortungslosigkeit ausgestellt. Die Ankündigung von Gesamtmetall und dann konkret die des Vorstandes der Daimler-Benz AG, die Lohnfortzahlung gegen geltendes Tarifrecht zu kürzen, wurde zum auslösenden Funken. So begann der Protest gewissermaßen auf seinem Höhepunkt: Mit den massiven Arbeitsniederlegungen im größten und potentesten Industriekonzern der Bundesrepublik, an denen sich die gesamten Daimler-Benz-Belegschaften bis hinauf ins mittlere und gehobene Management beteiligten. Somit war auch von Anbeginn klar, daß dieser Protest nicht von Teilgruppen, schon gar nicht von »Modernisierungsverlierern«, sondern von den gesicherten Stammbelegschaften im Zentrum des Beschäftigungssystems ausging.

Dabei zeigt das Beispiel von Mercedes auch, wie weit mit dem Protest zugleich Rechnungen beglichen wurden, die nicht die Lohnfortzahlung betrafen. Jahrelang war den Belegschaften das Hohelied produktivitätssteigernder Partizipation vorgesungen, war Gruppenarbeit und Leistungssteigerung auch auf Kosten der Arbeitsbedingungen forciert, und gerade noch war mit den Betriebsräten über weitere weitreichende Zugeständnisse verhandelt worden. Und in dieses angespannte Feld platzte dann ein selbst mit milliardenschweren Fehlentscheidungen belastetes Management mit der Ankündigung eines offenen Rechts- und damit Vertrauensbruchs zugunsten einer Mißtrauensregelung für den Krankheitsfall. Das Motiv, gegen solche demütigende Politik anzugehen, hat den Protest zweifellos weit über den Daimler-Benz-Konzern hinaus bestärkt. Hierin liegt denn auch eines der Elemente, mit denen der Protest über seinen unmittelbaren Gegenstand hinausschoß. Die Verteidigung des sozialstaatlichen Symbols der Lohnfortzahlung war selbst gewissermaßen symbolisch mit dem allgemeinen Konfliktstoff aufgeladen, der sich aus den Zumutungen der letzten Zeit ergeben hatte. Denn letztlich ging es hier ja um ein Kernstück des neoliberalen Umbaus: das Konzept des Shareholder-Kapitalismus und der damit verbundenen Mißachtung sozialer Arbeitnehmerinteressen. Mit diesem Konzept hatte sich Jürgen Schrempp, der Vorstandsvorsitzende der Daimler-Benz AG, zum »Rambo der Nation« aufgeschwungen. Er wie andere zeigen sich seit ihrem Fiasko mit der Lohnfortzahlung in diesen

Fragen sehr viel zurückhaltender, womit freilich noch keine tatsächliche politische Korrektur verbunden sein muß.

Schließlich bleibt aber auch festzuhalten, daß sich in der Protestbewegung für die Lohnfortzahlung in manchen Fällen auch durchaus bemerkenswerte Strömungen der Kritik an der Politik der Zugeständnisse, des »concession bargaining« der Betriebsräte angedeutet hat. Das könnte den oben zitierten Ergebnissen des Allensbacher Instituts entsprechen, die auf einen ernüchterten Realismus hindeuten. Somit stellt sich die Frage, ob wir auf das Ende der Phase einer betriebsrätlichen Politik der Zugeständnisse zugehen, ob diese nicht allmählich an ihre Grenzen stoßen muß.

Aus Existenzängsten wird ziviler Ungehorsam

Von den unmittelbaren Anlässen her hatten die Proteste der Berg-, der Bau- und der Stahlarbeiter im März 1997 wenig gemeinsam. Gegen rigorose Streichungen von Bergbausubventionen, gegen die feindliche Übernahme des einen durch den anderen Stahlkonzern, gegen Schmutzkonkurrenz am Bau und die unproduktive Abschaffung des Schlechtwettergeldes – das sind so verschiedenartige Gründe wie Adressaten für den Protest. Anders als im Falle der Lohnfortzahlung handelte es sich hier also um Gruppenproteste mit den Merkmalen spezifischer Berufsgruppen und ihrer Kulturen, die zwar zeitnah zueinander ein allgemeines Protestklima und Sympathien erzeugten, aber kein Thema hatten, das alle Arbeitnehmer betraf.

Dennoch artikulierten die Proteste mehr oder weniger deutlich ein gemeinsames Grundmotiv. Dazu schrieb Franziska Augstein am Aktionstag der Stahlarbeiter im Feuilleton der FAZ unter dem Titel »Die Wiederkehr des Protests«: »Wo vom Kapitalismus wieder gesprochen wird, nimmt es nicht Wunder, wenn auch die Arbeiterschaft wieder auf den Plan tritt.« Was die Stahlarbeiter »nach Frankfurt getrieben hat, ist ein Gefühl, das es – als gesellschaftliches Grundempfinden – in der deutschen Industriekultur lange nicht mehr gegeben hat: Existenzangst.«[3] Mancherorts könnte eingewandt werden, daß es reichlich lange gedauert hat, bis dieses Gefühl endlich auch einmal in den Redaktionsstuben der

---

[3] Vgl. Franziska Augstein, Stahlhart – Die Wiederkehr des Protests. In: Frankfurter Allgemeine Zeitung v. 25.3.1997.

FAZ zur Kenntnis genommen wurde. Richtig bleibt aber gewiß die Charakterisierung der Proteste als Manifestationen akuter existenzieller Bedrohung. Als solche haben sie mit der allgemein wachsenden Unsicherheit korrespondiert, wobei im Falle der Bergleute und der Stahlarbeiter bereits auch die regionale Verdichtung des Existenzdrucks und die mit diesen verbundenen Protesterfahrungen im strukturpolitisch arg gebeutelten Ruhrgebiet eine Rolle gespielt haben.

Die existentiellen Grundmotive der Protestbewegung haben vor allem auch die Radikalität ihres formalen Vorgehens und die darin enthaltenen Elemente zivilen Ungehorsams begründet. Schon der Protest für die Lohnfortzahlung hatte sich um die zu erwartenden juristischen Winkelzüge der Arbeitgeber nicht geschert, wobei er sich noch als Widerstand gegen angekündigten Rechtsbruch legitimiert sehen konnte. Die zweite Protestwelle, die ihre Adressaten nicht beim eigenen, durch Arbeitsniederlegung zu treffenden Arbeitgeber, sondern in der Regierung und in der Finanzmacht der Deutschen Bank hatte, ging dann aber mit den Autobahnblockaden, mit der spektakulären Besetzung in Bonn und auch mit der exzessiven Demonstration im Herzen des Frankfurter Bankenviertels zur gewollten Regelüberschreitung über. Ob dies als Ausdruck einer Strategie der kalkulierten Regelverletzung zu sehen ist, die ja übergreifende und kalkulationsfähige Zentren braucht, mag dahingestellt bleiben. Evident ist jedenfalls, daß wirksamer öffentlichkeitsstiftender Protest allgemein, das heißt auch in der sozialen Sphäre, weitgehend mit zivilem Ungehorsam identisch geworden ist. Dem widerspricht nicht, wenn die begangenen Regelverletzungen nicht mit Sanktionen belegt wurden. Es waren die Ordnungskräfte aller Art, die angesichts der Massivität und Popularität der Proteste die Taktik ihrer »Einhegung« verfolgten.[4]

In Motiven des zivilen Ungehorsams dürfte übrigens auch die mentale Brücke zu suchen sein, über die das Beispiel der französischen Protestbewegung einwandern konnte. Im Lande der Revolution hatte die direkte Aktion immer schon größere Bedeutung. Für deutsche Gewerkschafter jedoch, die auf ihre Organisationsstärke stolz und schon deshalb in der Regel besonders legalistisch eingestellt waren, blieb das Verhältnis von schwachen

---

[4] Vgl. Klaus Kreimeier, Turbulenzen im Vorgarten der Macht. In: die tageszeitung v. 2.4.1997.

Gewerkschaften und starken sozialen Bewegungen in Frankreich stets ein Rätsel. Erst die Überwindung der obrigkeitsstaatlichen Traditionslasten in Deutschland hat hier Brücken geschlagen. Daß ihm der spontane Protest – das, was Helmut Kohl auf gut altdeutsch verächtlich »die Straße« genannt hat – das Gesetz des Handelns aufzwingen kann, hat wohl vor allem der Vorstand der Bergarbeitergewerkschaft erfahren müssen.

Der Protest existentiell bedrohter Gruppen trägt letztlich den Konflikt um die soziale Integration aus, die durch die Zerstörung der Arbeitsmärkte und die Ausgrenzung aus diesen bedroht wird. Die Proteste sind Ausdruck für den Verfall des besonders in Deutschland zentralen Integrationsmodus der Erwerbsarbeit und das um so mehr, als arbeitsmarktpolitische Alternativen für die vom Strukturwandel betroffenen Berufszweige fehlen.[5] Diesen Verfall können Einzelproteste nicht aufhalten. Wie vor allem das Beispiel des Bergbaus zeigt, gelang es, den Protest durch Verzögerung von Zechenschließungen und ihre bessere soziale Abfederung zu beruhigen; insoweit wurde mit diesem Konflikt die Differenz zwischen einer forcierten neoliberalen und einer auf sozialverträgliche Absicherung gerichteten Politik der Strukturanpassung ausgetragen. Das mag auf den ersten Blick als minimale Differenz erscheinen, da es mittel- und längerfristig zu weiterem Arbeitsplatzabbau und damit zur Schwächung des Arbeitsmarktes und teilweise auch zu Ausgrenzungen aus diesem kommen wird. Für die unmittelbar Betroffenen macht es aber eine gewaltige Differenz, wenn sich – wie das mit dem Protest erreicht wurde – die Bedingungen dafür verbessert haben, daß aus arbeitsmarktpolitischen Ausgrenzungen nicht auch sogleich Armut und soziale Ausgrenzung wird.[6]

Auch der Zusammenschluß von Thyssen und Krupp führt zu arbeitsplatzvernichtenden Strukturanpassungen. Hier hat der Protest jedoch überhaupt erst zu einem produktionspolitisch tragfähigen Konzept geführt. Er hat darüber hinaus wohl erstmals die aufgeschwollene, unkontrollierte Finanzmacht der Banken zum Thema gemacht und mit der Verhinderung einer feindlichen Übernahme, die unweigerlich zum spekulativ-finanzkapitalistischen Ausschlachten geführt hätte, ein Zeichen gegen die Praktiken des

---

[5] Vgl. Martin Kronauer, »Soziale Ausgrenzung« und »Underclass«. In: Leviathan, Jg. 25, Heft 1-1997, Opladen.

[6] Vgl. Heinz Bierbaum, Militanz und Sozialpartnerschaft – Die Auseinandersetzung im Bergbau. In: Sozialismus 4-1997, S. 38f. Hamburg.

Shareholder-Kapitalismus gesetzt, dessen generelle Bedeutung gar nicht überschätzt werden kann.[7]

Selbstaktivierung – Konfliktbereitschaft – politisches Mandat: neue Perspektiven der Gewerkschaftspolitik?

Die Gewerkschaften haben in den Protestbewegungen keine einheitliche Rolle gespielt. Das gilt nicht nur für die Einzelgewerkschaften, sondern auch für die organisationsinternen Gliederungen und Instanzen. So hat der spontane Protest für die Lohnfortzahlung die Engagierten im Betrieb und damit die gewerkschaftlichen Vertrauensleute aktiviert und bestärkt, was sich dann beispielsweise sogleich in ihrem kritisch-selbstbewußteren Auftreten auf der Vertrauensleutekonferenz der IG Metall im November 1996 niederschlug. Wie der bemerkenswerte Anstieg der Mitgliederzugänge in dieser Phase belegt, bedeuteten diese auch die verstärkte Zuwendung von Arbeitnehmern zu den Gewerkschaften. Die Protestbewegung hat diese in einer Phase gestärkt und aufgewertet, in der sie im politischen Institutionengefüge kaum noch durchsetzungsfähig schienen, in der das herrschende neoliberale Lager schon die Bahn zu einschneidenderen Gegenreformen und zur weiteren Zurückdrängung und Abhalfterung der Gewerkschaften frei sah.

Diese Chance zur offensiven politischen Restitution wurde den Gewerkschaften von der Protestbewegung geradezu in den Schoß gelegt. Diese waren jedoch nicht in der Lage, diese politische Chance wirklich offensiv zu nutzen, sie haben sie wohl auch gar nicht erkannt. Sie haben jedenfalls keinen Versuch gemacht, mit der Protestbewegung ihre gerade erst mit der Bonner Demonstration im Sommer begonnene Kampagne gegen die neoliberale Austerity-Politik weiterzuführen. Sie haben den Protest für die Lohnfortzahlung nach den Regeln des tarifpolitischen Alltagsgeschäfts exekutiert und konnten sich auch hier nicht auf ein gemeinsames Vorgehen aller Gewerkschaften einigen. Manche Gewerkschaften, die sich zunächst überhaupt nicht betroffen sahen, mußten am Ende für die tarifliche Absicherung der Lohnfortzahlung um so teurer bezahlen. Hier hat der unstrittige politische Erfolg der allgemeinen Erhaltung der Lohnfortzahlung durch

---

[7] Vgl. Joachim Bischoff, Thyssen-Krupp oder: Das Ende des »rheinischen Kapitalismus«. In: Sozialismus 4-1997, S. 40f., Hamburg.

Tarifvertrag dann doch auch eine Schattenseite: Er wurde selbst-programmiert defensiv mit Zugeständnissen ausgehandelt und bezahlt, durch die sich der Angriff für die Arbeitgeber dann doch noch gelohnt hat. Hier hat sich im Windschatten des Protests einmal mehr die Politik des »concession bargaining« durchgesetzt.

Es ist schwer abzusehen, wie die Erfahrungen der Proteste und der Politik der Gewerkschaften dazu von den Betroffenen und den Arbeitnehmern insgesamt bewertet und verarbeitet werden. Wir wissen aber, daß die gewerkschaftliche Beteiligungsbereit-schaft der Arbeitnehmer – wie im November 1996 – immer dann wächst, wenn sich die Gewerkschaften Konflikten stellen,[8] und wir können aus den bekannten Meinungsdaten plausibel vermuten, daß mit den Protesten auch Erwartungen auf eine konflikt-orientiertere Politik der Gewerkschaften verknüpft waren. Soweit es die engagierten Gewerkschafter betrifft, werden aus Metallbetrieben inzwischen erhebliche Zweifel und massive Kritik an der Gewerkschaftsführung laut.[9]

Solche Zweifel sind nicht weiter erstaunlich. Sie entsprechen der uneingestandenen, aber letztlich unabweislichen Tatsache, daß eine allgemeine, von der gesamten Gewerkschaftswelt akzeptierte und einigermaßen verbindliche politische Grundkonzeption fehlt, die dem sozialen Umbruch und den durch ihn hervorgerufenen Konflikten und ihrer Verschärfung Rechnung trägt. Und die Risse zwischen den Gewerkschaftsrepräsentanten werden ebenso unübersehbar wie die Widersprüche ihrer Positionen. Nachdem sozialstaatliche Ansprüche und die Verteidigung sozialstaatlicher Errungenschaften ihre Selbstverständlichkeit verloren haben, lassen sich Gewerkschaftsrepräsentanten – angefressen von modernistisch-neoliberalen Vorstellungen und Scheinrezepten – auf selbstmörderische Anpassungsvorschläge ein, mit denen sie immer öfter zu Berufungsanwälten gegen die eigene Basis werden. In der Tarifpolitik werden mit kurzsichtigem Pragmatismus und keineswegs immer gezwungenermaßen Zugeständnisse gemacht, die der Konkurrenzlogik der Arbeitgeber recht zu geben scheinen. Das »Bündnis für Arbeit« scheitert spektakulär, und dann geht der DGB doch wieder ein erst recht fragwürdiges

[8] Vgl. Peter Scherer, Wachsen im Kampf – Die Mitgliederentwicklung der IG Metall 1990-1997. In: Sozialismus 4-1997, S. 43-45. Hamburg.

[9] Vgl. Joachim Bergmann/Erwin Bürckmann/Hartmut Dabrowski, Reform des Flächentarifvertrages? – Berichte aus den Betrieben. Ergebnisse einer Befragung (Manuskript), Frankfurt a. M. 1997.

solches für den Osten ein. Die Demonstration im Sommer 1996 in Bonn schien der Auftakt einer politischen Kampagne und war es dann doch nicht. – So ließe sich die Litanei darüber, wie sich die Gewerkschaften selbst als Teil der allgemeinen Verunsicherung, Ratlosigkeit und Desorientierung darstellen, noch lange fortsetzen.

Ob dieses Verhalten in den oberen Gewerkschaftsetagen immer mit zutreffenden Vorstellungen über die Einstellungen und Stimmungslagen der Mitglieder verknüpft ist, darf bezweifelt werden. Selbst Klaus Zwickel scheint – wie Reaktionen aus den Betrieben zeigen – die Abwehrhaltungen gegen weiteren Verzicht unterschätzt zu haben, die sich dort inzwischen gebildet haben, als er seinen Vorschlag zur 32-Stunden-Woche mit der Möglichkeit von Einkommensverzichten verband.

Hier in ihrem Verhältnis zu den psycho-sozialen und politischen Reaktionen, Haltungs- und Einstellungsänderungen, die der Umbruch hervorruft, scheint sich letztlich ein Dilemma zu aktualisieren, das bis in die Frühgeschichte der Gewerkschaften zurückgreift. Mit ihrer Tagespolitik können sie unter den zunächst unabänderlichen ökonomischen politischen Sachzwängen und Rahmenbedingungen den sozialen Existenzdruck artikulieren, aber nur abmildern und minimieren. Sie können die Unsicherheiten, Existenzängste und Abwehrreaktionen nur oberflächlich entschärfen, die die gesellschaftliche Krise hervorruft, und selbst dafür werden die Spielräume mit deren Vertiefung enger.

Diese Grenze der Gewerkschaftspolitik war einst in den Perspektiven und Programmen zur gesellschaftlichen Neuordnung reflektiert und »aufgehoben«, die die europäische Arbeiterbewegung hervorgebracht hat. Die modernen gewerkschaftlichen Interessenverbände pragmatischen Zuschnitts kennen diesen Ausweg kaum noch. In ihrer Politik sind nur noch wenig aufklärerische Impulse und Intentionen wirksam. Diese lebt eng eingebunden im Institutionensystem, gewissermaßen von der Hand in den Mund, gerät kurzatmig in den Sog aktionistischer Krisensteuerung und trägt mit ihrer eigenen Haltlosigkeit eher zur Verwirrung als zur Bildung eines aufgeklärten gesellschaftlichen Krisenbewußtseins bei.

Die Proteste, die der gesellschaftliche Krisendruck hervorruft, sind eben durch die allgemeine Verunsicherung und massive Existenzängste motivational aufgeladen und bleiben daher nicht nur Einpunktbewegungen. In ihnen sind immer Energien und Kräfte wirksam, die »aufs Ganze gehen«, die auf generelle Lösungen und Erklärungen drängen, und sich bis zu fundamentalistischen Strömungen verdichten können. Wo diese Energien, Ansprüche, Orientierungsnöte nicht durch Aufklärungs- und Selbstaufklärungsprozesse gebunden und verarbeitet werden können, vagabundieren sie ins Halbdunkel irrationaler Ersatzlosungen und Sicherheiten. Der zunehmende Einfluß rechtsextremer Strömungen, gerade unter den Arbeitern, der in Italien, Frankreich, Österreich mehr und mehr zum Problem der Gewerkschaften wird, ist eben auch Ausdruck unaufgeklärter sozialer Bedrohung.[10] Und wir wissen schon aus ganz anderen geschichtlichen Niedergangsperioden, daß macht- und perspektivloser Protest von unten auch in »rituelle Formen der Gewalt als Ausdruck ebensosehr des Ärgers wie der Ohnmacht« münden kann.[11]

In den Protestbewegungen der letzten Zeit wurden aber auch Elemente eines aufgeklärten Krisenbewußtseins deutlich, und zwar dort, wo sie sich kritisch gegen den finanzwirtschaftlich dominierten Shareholder-value-Kapitalismus mit seinen destruktiven gesellschaftlichen Folgen gerichtet haben. Insoweit hat der Protest durchaus das Niveau der zeitgenössischen Krisenproblematik erreicht. Klaus Zwickel hat den Stahlarbeitern vor der Deutschen Bank in Frankfurt versprochen, daß die IG Metall die Frage der Rolle und Macht der Banken nicht wieder von der Tagesordnung werde verschwinden lassen. Darauf wäre zurückzukommen.

Christian Meier hat die geschichtlichen Alternativen gerade hellsichtig beschrieben, in denen die Gewerkschaften ihre Rolle erst noch finden müssen:[12]

»Für Gesellschaften, die eine Krise durchmachen – und was ist ein so beschleunigter Prozeß des Wandels, der in die Grundlagen der Ordnung einschneidet, anderes als eine Krise? –, für solche Gesellschaften also macht es viel aus, wieweit sie politische Möglichkeiten der Zukunft schon in der Gegenwart zum Objekt offenen politischen Streits zu machen vermögen. Anders gesagt: Es fragt sich, wieweit sie die Probleme, die sich mit den in Gang

---

[10] Vgl. Ulrike Wasmuth, Rechtsextremismus: Bilanz und Kritik sozialwissenschaftlicher Erklärungen. In: Leviathan, 25. Jg., Heft 1-1997, Opladen.

[11] Vgl. Christian Meier, Zustände wie im alten Rom? Eine andere Epoche des Übergangs und der Ratlosigkeit. In: Merkur – Deutsche Zeitschrift für europäisches Denken, 51. Jg., Heft 580, Juli 1997.

[12] Ebenda.

befindlichen Veränderungen stellen, in Parteiungen einfangen
können.

   Immerhin ist es ja möglich, daß sich die Benachteiligten, die
Notleidenden, die solch ein Veränderungsprozeß produziert (oder
herausfordert) zusammenschließen, daß sie Forderungen auf
grundlegende Reformen erheben, daß also aus ihnen eine Kraft
sich bildet, die das Herkömmliche in Frage stellt, den Kampf mit
dessen Verfechtern aufnimmt und am Ende zu etwas Neuem führt.
Eine Kraft, die man als Alternative bezeichnen könnte.

   In solch einem Fall muß nicht herauskommen, was eine der
Parteiungen will, vielleicht wird sich etwas Drittes ergeben. Doch
wie dem auch sei, in der offenen Auseinandersetzung um die Ord-
nung wird die Alternative zum Bestehenden intellektuell deutli-
cher, begründeter, zielsicherer, sie kann alle möglichen unruhi-
gen Geister an sich ziehen und sich – zusammen mit mannigfa-
chen Unzufriedenheiten – zunutze machen, und so wird sie auch
politisch stark. Vor allem aber: Die Gesellschaft bekommt bei
solcher Konstellation der Kräfte die Frage ihrer Ordnung – oder
wesentlicher Teile davon – auf die Agenda gesetzt. Die Beteilig-
ten werden Subjekte eines Ringens, in dem gegenwärtig darüber
entschieden wird, was zukünftig sein soll.

   Aber es besteht auch die andere Möglichkeit, grob gesagt das
Gegenmodell. Dort bringt die Krise, bei all ihren möglichen Aus-
wirkungen, keine geschlossene neue Kraft hervor. Die Notleiden-
den und Unzufriedenen können dann vielleicht Unruhen und Stö-
rungen veranlassen oder nähren, jedoch keinen offenen Angriff
auf das Bestehende vortragen. Sie können nicht die Forderung
nach einer künftigen anderen Ordnung zum Gegenstand der ge-
genwärtigen Politik machen. Und das im Zweifel nicht, weil sie
tiefere Absichten zu verschweigen sich genötigt sehen, sondern
weil sie im Banne selbstverständlicher Bindungen an das Beste-
hende gar nichts anderes ernsthaft in Erwägung ziehen, vielleicht
weil ihnen gar nichts anderes einfällt. Oder genauer: Gedanken
an eine neue Ordnung entstehen in diesem Fall erst nach länge-
rer Zeit, verspätet gleichsam, nämlich wenn alle so zermürbt sind,
daß sie eine neue Ordnung zumindest zu ertragen, vielleicht zu
unterstützen bereit sind...

   Doch wenn man alles laufen läßt, scheint es mir noch schlim-
mer zu sein. So verständlich die Resignation ist: Ich weiß nicht,
ob wir sie uns leisten können. Auch wenn man sich als Verfechter
einer Demokratie, nachgerade, wie Don Quichote vorkommt, ich
meine nicht, daß man das Geschehen einfach hinnehmen muß.

Sollten wir nicht wenigstens versuchen, uns Rechenschaft darüber abzulegen, was im Gange ist? Statt nur immer mit der Gegenwart und bestimmten Teilen der Vergangenheit uns auch mal mit der – möglichen – Zukunft beschäftigen? Sollten wir nicht versuchen, uns politisch, also willentlich, bewußt und in öffentlicher Auseinandersetzung einzuschalten? Statt daß wir uns, mit Musil zu sprechen, in ›völligem Gewähren lassen gegenüber den an der Staatsmaschine stehenden Gruppen von Spezialisten‹ wie im Schlafwagen fahren lassen. Einfach weil es sich auf die Dauer in einer Gesellschaft so besser lebt?«

Frank Deppe

Die Linke und das Projekt des europäischen Sozialstaates

In seiner »Warnung vor dem Modell Tietmeyer« hat Pierre
Bourdieu gefordert, daß dem Abbau des (nationalen) Welfare-
State, wie ihn die Verfechter eines neoliberalen Denkens predi-
gen, »ein europäischer Sozialstaat entgegengestellt werden« muß,
»der einer unumschränkten Herrschaft der Finanzmärkte ein Ende
machen könnte... Ein solcher Staat müßte gegenüber den Zwängen der ökonomischen Kräfte und dem Druck der nationalen Interessen (ganz besonders im Bereich der Arbeit, die einer grundlegenden Neubestimmung unterzogen werden muß) relativ unabhängig sein«.[1]
Diese Forderung stimmt mit dem Anliegen der EGB-Gewerk-
schaften überein. Das »europäische Modell« soll im globalen
Wettbewerb nicht in Frage gestellt werden. Vielmehr soll es – so
eine Resolution des Jahres 1995 – als »Trumpf für die europäische Erneuerung« erhalten und in der »sozialen Union« ausgebaut werden. »Dieses Modell, das gekennzeichnet ist durch einen auf Solidarität basierenden sozialen Schutz von hohem Niveau, durch die zentrale Rolle der öffentlichen Dienste, die Stel-
lung der Tarifverhandlungen und durch verschiedene Modelle der
Mitbestimmung, gründet sich auf den unerläßlichen Kompromiß
zwischen den Marktkräften und dem demokratischen Staat«. Es
entspricht »besser als andere – wie z.B. das amerikanische oder
japanische Modell – der immer dringlicher werdenden Notwendigkeit, die Menschen ins Zentrum des Entwicklungsprozesses
zu stellen«.
Welche Ansätze gibt es für die Entwicklung eines europäischen
Sozialstaates? Wie wäre er im politischen und institutionellen
Gefüge der Europäischen Union zu verorten? Gibt es erkennbare
Trends einer europäischen Sozialpolitik, die in die Richtung der

---

[1] P. Bourdieu, Der Tote packt den Lebenden, Hamburg 1997, S. 176.

Herausbildung einer eigenständigen, supranationalen Sozialpolitik deuten? In welchem Verhältnis stehen die Erosionsprozesse der nationalen Sozialstaatssysteme zur sozialpolitischen Entwicklung auf EU-Ebene? Welche politischen und sozialen Kräfte könnten als die Träger eines solchen Projektes identifiziert werden?

Das sind nur einige Fragen, die im Kontext der Debatte über den Vorschlag von Bourdieu zu beantworten wären. Es wäre für die Linke fatal, wenn sie die Ohnmacht angesichts der Zerstörung der nationalen Wohlfahrtsstaaten durch ein illusionäres Projekt kompensieren und dabei einer weiteren Selbsttäuschung anheimfallen würde.

Vom Wohlfahrts- zum Wettbewerbsstaat

Aus den Analysen über die Transformation bzw. die Reorganisation der Funktionen des Nationalstaates im Übergang vom Fordismus zum Postfordismus (und der gegenwärtigen Entwicklungsstufe der Transnationalisierung bzw. der »Triadisierung« des Kapitalismus) ergeben sich zunächst drei Befunde:

■ Die für das »Golden Age« des Nachkriegskapitalismus charakteristische Kohäsion von (fordistischer) Massenproduktion und (wohlfahrtsstaatlicher) Regulation (verbunden mit einem starken Einfluß der Gewerkschaften auf die Lohn- bzw. Nachfrageentwicklung) ist aufgebrochen.

■ Die Transformation des »keynesianischen Wohlfahrts-Nationalstaats« (Jessop) zum »nationalen Wettbewerbsstaat« (Hirsch) bedeutet einen tiefgreifenden Einschnitt in die arbeitsmarkt- und sozialpolitische Regulation. Soziale Kohäsion ist zum Wettbewerbsfaktor in der »Standortkonkurrenz« abgewertet. Unter dem Druck der Massenarbeitslosigkeit und der wachsenden Staatsverschuldung werden soziale Leistungen beschnitten. Zugleich verfolgt der »workfare-state« eine Strategie der »zwangsweisen Re-Kommodifizierung« der Arbeitskraft.[2] Durch die Streichung von Leistungen und Ansprüchen sollen die Arbeitslosen mit Gewalt auf den Arbeitsmarkt zurückgeführt werden, um dort für extrem

---

[2] Vgl. M. Seeleib-Kaiser, Globalization and the Re-Commodification of the Workforce, in: A. Lipietz u.a., Labour Markets and Employment Policy in the European Union, FEG-Studie Nr. 10, Marburg 1997, S. 49 ff., hier S. 59.

niedrige Löhne und ohne ausreichenden sozialen Schutz zu »überleben«.[3]

Nach Joachim Hirsch zielt der »Umbau« des Sozialstaates »neben einer allgemeinen Senkung des Leistungsniveaus auf vergrößerte Selektivität... Mit der systematischen Ausweitung der Ungleichheiten und Diskriminierungen im sozialstaatlichen System sollen nicht nur Kosten gespart und der Staat ›schlanker‹ gemacht, sondern vor allem auch die Konkurrenz der Arbeitskräfte untereinander mobilisiert und ›Leistung‹ als Bereitschaft zur Übernahme unangenehmer oder schlecht entlohnter Arbeiten erzwungen werden. Der Staat selbst organisiert also die gesellschaftlichen Spaltungsprozesse, die seine liberal-demokratische Substanz untergraben«.[4]

■ Die neoliberale Politik, die durch Deregulierung und Privatisierung auf die Verbesserung der Angebots- und Wettbewerbsbedingungen ausgerichtet ist, verstärkt die Krise der Arbeitsmärkte und der Sozialsysteme.

Entwicklungstrends der Arbeitsbeziehungen

Welches sind – trotz der Vielfalt der je nationalen Regelungssysteme, der verschiedenen »Welten der Wohlfahrtsstaaten« (Esping-Anderson) und auch der unterschiedlichen politischen Kräftekonstellationen – allgemeine Entwicklungstrends, die die Systeme der Arbeitsbeziehungen sowie der wohlfahrtsstaatlichen Apparate verändern?

Mit dem Rückzug des Staates aus der Gestaltung der Arbeitsbeziehungen werden vormals relativ stabile gesetzliche Regelungen verflüssigt. Die klassischen Verteilungs- und Lohnkämpfe haben mit dem Ansteigen der Massenarbeitslosigkeit an Bedeutung verloren. Mit der Verlagerung von der Makro- zur Mikroebene, von der Nachfrage- zur Angebotsseite, von der gesetzlichen und/oder tarifvertraglichen zur »neo-voluntaristischen« Vereinbarung hat sich – auf der Unternehmensebene, als Feld einer neuen Arbeitspolitik – eine neue Beziehung zwischen Kapital und

---

[3] Vgl. dazu für die USA L. J. D. Wacquant, Vom wohltätigen Staat zum strafenden Staat, in: Frankfurter Rundschau vom 12. Juli 1997, S. 14.

[4] J. Hirsch, Der nationale Wettbewerbsstaat, Berlin 1995, S. 156f.

Arbeit etabliert.[5] Eine Folge davon ist »die Erosion des Flächentarifvertrages, wie sie zur Zeit beispielsweise in Deutschland vonstatten geht, (aber) auch das fast völlige Veschwinden von Branchenabkommen in Großbritannien ... sowie – zumindest in den
Augen vieler Manager – Versuche, repräsentative Mitbestimmungsmöglichkeiten der Arbeitnehmer durch direkt-partizipative Maßnahmen zu ersetzen (nicht zu ergänzen) und damit auch
auf betrieblicher Ebene einen dezentralen, deregulierten Bezug
zwischen Management und den einzelnen Beschäftigten herzustellen«.[6]

Die arbeitsmarkt- und sozialpolitische Regulation in Westeuropa zeichnet sich zunächst einmal dadurch aus, daß die »tradierten Regimestrukturen sich nur allmählich in die ›postfordistische‹
Vergesellschaftungsdynamik einpassen«. Gleichwohl wirkt auch
hier eine Tendenz zur Konvergenz: Flexibilisierung der Arbeitszeiten und der Löhne (nach unten), Reduzierung der »Sozialkosten« durch Kürzungen des Arbeitslosengeldes und der Armutsunterstützung bei gleichzeitiger Entlastung der Unternehmen und
Steuererleichterungen für die Besserverdienenden; Privatisierung
der sozialen Sicherungssysteme u.a.m. – alle diese Maßnahmen
werden – unter Hinweis auf den globalen Wettbewerbsdruck und
die Staatsverschuldung – von den herrschenden neoliberalen Kräften als unausweichliche »Neuvermessung der staatlichen Aufgabenbereiche«, zugleich aber auch als notwendige Maßnahmen
für die Revitalisierung der Akkumulation und der Investitionen,
damit für den Abbau der Arbeitslosigkeit, propagiert.[7]

---

[5] Vgl. F. Deppe, Arbeitslosigkeit, Wohlfahrtsstaat und Gewerkschaften in
der Europäischen Union, Supplement der Zeitschrift Sozialismus, 2/1996,
S. 8.
[6] W. Lecher, Europäische Arbeitsbeziehungen – offene Flanke der Gewerkschaften, in: Gewerkschaftliche Monatshefte, 6/1997, S. 360ff., hier S.
361/2. Vgl. dazu ausführlich B. Ebbinghaus/J. Visser, Der Wandel der Arbeitsbeziehungen im europäischen Vergleich, in: S. Hradil/S. Immerfall
(Hrsg.), Die westeuropäischen Gesellschaften im Vergleich, Opladen 1997,
S. 333ff.
[7] Vgl. H. J. Bieling, Arbeitsmarkt- und sozialpolitische Regulation in Westeuropa – zwischen wohlfahrtsstaatlicher Konvergenz und institutioneller
Vielfalt, in: ders./F. Deppe, Arbeitslosigkeit und Wohlfahrtsstaat in Westeuropa. Neun Länder im Vergleich, Opladen 1997, S. 351ff.

Europas fehlende »soziale Dimension«

Seit der Gründung der Europäischen Wirtschaftsgemeinschaft (EWG, 1958) war die Sozialpolitik der Politik zur Schaffung eines Gemeinsamen Marktes untergeordnet. Es gab eine eindeutige Priorität der Kapitalinteressen. Aus der Sicht kapitalorientierter Ökonomen ist die Förderung von Wirtschaftswachstum, hohen Gewinnen und monetärer Stabilität allemal die beste Sozialpolitik. Die Forderung, die »soziale Dimension« bzw. die »soziale Kohäsion« in der Gemeinschaft – durch eine eigenständige Sozialpolitik, aber auch durch Ansätze einer europäischen Regulation der Arbeitsbeziehungen – auszubauen, wurde von sozialdemokratischen Regierungschefs erhoben: Anfang der 70er Jahre von Willy Brandt, Anfang der 80er Jahre von François Mitterand.

Diese Grundkonstellation hat sich trotz der Vertragsrevisionen des vergangenen Jahrzehntes – durch die Einheitliche Europäische Akte (EEA, 1987) sowie durch »Maastricht« (1991) – nicht grundlegend verändert. Der Schwerpunkt der Sozialpolitik liegt nach wie vor auf der nationalen Ebene. Dem »Umbau« des Sozialstaates auf dieser Ebene entspricht keine – gleichsam kompensatorische – Rekonstruktion eines transnationalen Sozialstaates auf der EU-Ebene. Mit dem Maastrichter Konsens über den Weg zur Währungsunion bis 1999 – also über den Primat der monetären Disziplin und Stabilität – ist nicht allein die Vorherrschaft des Finanzkapitals im europäischen Integrationsprozeß, sondern auch die »abgeleitete« Rolle der Sozialpolitik, die von den »trickle down«-Effekten der Marktliberalisierung leben soll, festgeschrieben.[8]

Die sozialpolitischen Defizite der EU wurden 1995 von W. Adamy folgendermaßen zusammengefaßt:
» – Die Interessen sind so unterschiedlich, daß kein Mitgliedsstaat wirklich auf raschen sozialen Fortschritt drängt. Jedes Land möchte seine eigenen nationalen Handlungsspielräume möglichst ungeschmälert bewahren. Die großen sozialen regionalen Unterschiede fördern diese divergierenden politischen Interessen.

---

[8] Vgl. dazu vor allem E. Altvater/B. Mahnkopf, Gewerkschaften vor der europäischen Herausforderung. Tarifpolitik nach Mauer und Maastricht, Münster 1993.

– Ein von allen akzeptiertes, allgemein gültiges Sozialmodell, an das sich die anderen Länder schrittweise annähern könnten, ist bislang nicht erkennbar. Über einige wenige Einzelmaßnahmen hinaus ist keine inhaltliche Konzeption vorhanden, die konsensfähig ist.
– Die Entscheidungsregeln der Gemeinschaft begünstigen eher Reformgegner als Integrationsbefürworter. Es ist einfacher, keine Entscheidung zu treffen, als eine neue Politik zu initiieren.
– Die finanziellen Ressourcen für eine EU-Sozialpolitik sind nicht vorhanden«.[9]

Auch die Blockaden im Hinblick auf die Regulierung der Arbeitsbeziehungen resultieren nicht allein – so K. Armigeon – aus den unzureichenden Kompetenzen, Verfahrensregeln und Ressourcen: »Vieles spricht dafür, daß sektorale und nationale Koalitionen von Gewerkschaften, Unternehmen und staatlichen Stellen eine europaweite Regulierung der Arbeitsbeziehungen verhindern. Den nationalen Koalitionen liegen jedoch nicht nur ... Interessen an materiellen Lösungen und an der Bewahrung der internationalen Wettbewerbsfähigkeit zugrunde. Große Bedeutung haben auch die Interessen von Verbänden als Organisationen an der Beibehaltung von nationalen Institutionen. Die Blockierungen der Entwicklung eines europäischen Systems der Arbeitsbeziehungen ließen sich – so legen die nationalen Entwicklungen nahe – durch außerordentliche soziale, ökonomische oder politische Ereignisse oder durch eine programmatisch konsens- und handlungsfähige supra-nationale Regierung aufheben. Beides ist derzeit in der europäischen Union nicht in Sicht«.[10]

Wolfgang Streeck hat gerade in der jüngsten Zeit die Position der »Euroskeptiker« gestärkt und sich für die »Verteidigung des Sozialstaates auf der nationalen Ebene« eingesetzt. Es gilt, »aus der Erkenntnis Konsequenzen zu ziehen, daß der Zeitpunkt verpaßt ist, zu dem der Integrationsprozeß noch in einer Neuauflage des nationalen Wohlfahrtsstaates auf supranationaler Ebene enden konnte ... Die Gewerkschaften und andere, die zur Erreichung ihrer Ziele auf staatliche Handlungsfähigkeit angewiesen sind,

[9] W. Adamy, Der europäische Sozialstaat, in: H. Schmitthenner (Hrsg.), Der »schlanke« Staat, Hamburg 1995, S. 218ff., hier S. 230.
[10] K. Armigeon, Die Regulierung kollektiver Arbeitsbeziehungen in der Europäischen Union, in: W. Streeck (Hrsg.), Staat und Verbände, Opladen 1994, S. 207ff., hier S. 220.

(müssen) nolens volens darüber nachdenken, wie diese innerhalb der Union als *nationalstaatliche* erhalten werden kann. Und wenn es in Europa kein supranationales System der industriellen Beziehungen geben wird, das die deutschen Nachkriegserrungenschaften der Mitbestimmung und des Flächentarifs verallgemeinert, dann muß nach Wegen gesucht werden, wie trotz wirtschaftlicher Internationalisierung und politischer Integration zu verhindern ist, daß einzelstaatliche Institutionen des sozialen Ausgleichs erodieren, ohne daß auf supranationaler Ebene etwas Gleichwertiges an ihre Stelle tritt«.[11]

Negative Integration oder beginnender Sozialdialog?

Die »Euroskeptiker« teilen die Auffassung von F. W. Scharpf, daß die EU aufgrund ihrer intergouvernementalen Macht- und Entscheidungsstruktur – mit dem Ministerrat als Zentrum – wohl zu einer »negativen Integration« (d.h. zur Beseitigung von Hindernissen der Marktintegration), nicht aber zu einer »positiven Integration«, d.h. zu einer »Harmonisierung produktions- und standortbezogener Regelungen ... vor allem bei sozialpolitischen Regelungen« in der Lage sei. Dem entspricht in den 90er Jahren – seit Maastricht – der Primat der Binnenmarktrealisierung, der Beseitigung der Grenzkontrollen und der nationalen, monetären Souveränität. Daraus folgt als strategische Option: »Europa gerät dann ins Hintertreffen, wenn die negative Integration die Politik auf der nationalen und subnationalen Ebene lähmt, während auf der europäischen Ebene in langwierigen Verhandlungen nur unbefriedigende Kompromisse erreicht werden können. Eine erfolgreiche europäische Mehrebenenpolitik ... muß den Gliedstaaten mehr Handlungsspielraum belassen, und sie muß deshalb nicht nur die Notwendigkeit der positiven Integration unter den Kriterien der Subsidiarität von Fall zu Fall kritisch überprüfen, sondern sie muß auch den Anspruch der negativen Integration reduzieren«.[12]

---

[11] W. Streeck, Gewerkschaften zwischen Nationalstaat und Europäischer Union. Vortrag aus Anlaß des 75. Gründungsjubiläums der Akademie der Arbeit, Frankfurt a. M., 10. Mai 1996, unveröffentlichtes Manuskript, S. 13.

[12] F. W. Scharpf, Politische Optionen im erweiterten Binnenmarkt, in: M. Jachtenfuchs/B. Kohler-Koch (Hrsg.), Europäische Integration, Opladen 1996, S. 109ff., S. 116 und S. 136. G. Majone unterscheidet »redistributive

Die »Euro-Optimisten« hingegen setzen auf die Möglichkeit der schrittweisen (evolutionären) Entwicklung eines Systems sozialpolitischer Regulierung sowie der Arbeitsbeziehungen auf der europäischen Ebene. Seit der EEA und dem »Maastrichter Sozialprotokoll« haben sich die institutionellen Bedingungen für den »Sozialdialog« in die Richtung eines »Proto-Korporatismus« verändert. Mit der Erweiterung der EU um die – sozialdemokratisch regierten – Länder Schweden, Finnland und Österreich haben sich zudem die politischen Konstellationen im Ministerrat verbessert. Diese Tendenz wird natürlich durch den Regierungswechsel in Großbritannien und Frankreich noch verstärkt. Mit dem »Sozialprotokoll« wurden zugleich die sozialpolitische Kompetenz der Gemeinschaft ebenso wie diejenigen Gegenstandsbereiche, die durch Mehrheit entschieden werden können, ausgeweitet. Damit könnte auch der Druck auf die »Sozialpartner« (den Europäischen Gewerkschaftsbund EGB sowie die EU-Vertretungen der Arbeitgeberverbände) erhöht werden, damit diese Verhandlungen (nach Art. 118 b EGV) als Alternative zum Gesetzgebungsverfahren mehr als bisher akzeptieren.

Die Vereinbarungen über die Euro-Betriebsräte und den Elternurlaub werden in diesem Zusammenhang ebenso erwähnt wie die Verhandlungen über den Schutz atypischer Beschäftigungsverhältnisse und sexuelle Belästigung.[13] Mit den Ergebnissen des Amsterdamer Gipfels vom Juni 1997 – so argumentieren die Optimisten – ist nicht nur das »Sozialprotokoll«, sondern auch die Beschäftigungspolitik mit einem eigenen Kapitel im EG-Vertrag aufgewertet worden. Euroskeptiker heben den symbolischen Cha-

---

und sozialregulative Politik« (ebd., S. 225ff.). Die »Unmöglichkeit eines europäischen Wohlfahrtsstaates« (234ff.) führt er darauf zurück, daß im EU-System alle Voraussetzungen für die Mobilisierung von finanziellen Ressourcen für eine »redistributive« europäische Sozialpolitik fehlen. »Die offensichtlichste Schwierigkeit liegt darin, daß die Gemeinschaft zur Zeit nicht über die finanziellen Ressourcen verfügt, die ein moderner Wohlfahrtsstaat benötigt und sich dies auch in absehbarer Zukunft nicht ändern wird« (S. 236). Sozialregulative Politik hingegen kann in den Bereichen (z.B. soziale Mindeststandards) erfolgreich sein, in denen keine Kämpfe um die Verteilung des Sozialprodukts stattfinden.

[13] Vgl. dazu H. W. Platzer, The Europeanization of Industrial Relations. State and perspectives of the academic debate; G. Falkner, The Maastricht Social Policy Agreement: Which Lessons to learn?; A. Aust u.a., Recent Developments in the Discussion of EU-Employment Policy, in: A. Lipietz u.a., Labour Markets and Employment Policy in the European Union, a.a.O.

rakter dieser Beschlüsse, d.h. die Unterordnung der Beschäftigungspolitik unter den Primat der durch die Konvergenzkriterien erzwungenen monetären Stabilität, hervor.[14] Euro-Optimisten verbinden damit positive Erwartungen hinsichtlich der erweiterten Handlungsmöglichkeiten der politischen Akteure in diesen Feldern.

Allerdings warnen auch die Optimisten vor Naivität. Sie wissen um den embryonalen Charakter solcher Direktiven und Vereinbarungen. Es geht – so W. Lecher – im europäischen Aktionsfeld um die »Entwicklung von ›Brückenköpfen‹ der Arbeitsbeziehungen im europäischen Bereich«. Diese können freilich nur dann als Fortschritt gelten, wenn sie nicht an die Stelle der nationalen Systeme (z.B. der Mitbestimmung und des Flächentarifvertrages in Deutschland) treten und diese aushöhlen, sondern wenn sie diese stärken und neue, dauerhafte Netzwerke der transnationalen Kooperation und Interessenvertretung von Betriebsräten und Gewerkschaften etablieren. »Erst die Kompatibilität von nationalen und europäischen Arbeitsbeziehungen schafft Synergie«.[15]

Gewerkschaften zwischen sozialpartnerschaftlicher Modernisierung und progressiver Wende

Die Debatte zwischen Euroskeptikern und -optimisten könnte produktiv sein; denn beide Richtungen (soweit sie sich der politischen Linken zurechnen) stimmen in der Zielperspektive, wie sie auch von Pierre Bourdieu vertreten wird, durchaus überein. Der Konsens darüber, daß bislang nur äußerst bescheidene Ansätze einer europäischen Regulierung auf dem Felde der Sozialpolitik und der Arbeitsbeziehungen realisiert wurden, sollte allerdings eine einseitige Fixierung auf eine institutionalistische Sicht der Integrationsprozesse ausschließen. Fortschritte in diesen Feldern sind weder aus einer institutionellen Eigendynamik (»spill over«) noch aus der Logik der Konvergenz von Interessen und Reformzielen im Ministerrat zu erwarten.

---

[14] Vgl. dazu als Gegenposition die »Erklärung europäischer Wirtschaftswissenschaftler und Wirtschaftswissenschaftlerinnen: Vollbeschäftigung, sozialer Zusammenhalt und Gerechtigkeit. Für eine alternative Wirtschaftspolitik in Europa« (Mai 1997), in: Memo-Forum, Nr. 25, Bremen, Juli 1997, S. 2-52.

[15] W. Lecher, Europäische Arbeitsbeziehungen, a.a.O., S. 362 und S. 370.

Die Entwicklung nach Maastricht bis zum »Vertrag von Amsterdam« hat deutlich gemacht, daß innerhalb der EU eine Tendenz zur Re-Nationalisierung der Politik, damit zu einer Stärkung der intergouvernementalen Verhandlungssysteme und Machtverteilung vorherrscht. Damit sollte auch die Vorstellung von der schrittweisen Herausbildung einer supranationalen EU-Souveränität, die an die Stelle der nationalen tritt, aufgegeben werden. Ertragreicher erscheint dagegen eine analytische und strategische Perspektive, die sich auf einzelne Politikfelder und auf Verhandlungssysteme im »Mehrebenensystem« europäischer Politik konzentriert und dabei eine realistischere Konzeption von den Handlungsmöglichkeiten und -perspektiven der politischen Akteure zu entwickeln vermag.

Progressive Veränderungen der EU-Politik lassen sich – in letzter Instanz – nur durch die Dynamik sozialer und politischer Bewegungen und Kämpfe herbeiführen. Die Vorherrschaft des Neoliberalismus war Ausdruck einer spezifischen Kräftekonstellation der Klassen – und sie war Folge einer schweren Niederlage der politischen Linken wie der europäischen Gewerkschaften im Übergang von den 70er in die 80er Jahre. Der Zusammenbruch der staatssozialistischen Systeme um die Sowjetunion verschärfte noch die Defensive und Desorientierung in der westlichen Arbeiterbewegung.

Das neue sozialpartnerschaftliche Denken, das sich – als Reaktion auf diese Krise – in den Gewerkschaften ausbreitete, verfolgt eine Überlebensstrategie, die die subalterne Rolle der Gewerkschaften wie der betrieblichen Interessenvertretungen gegenüber dem Management, den Unternehmerverbänden wie dem Staat in der »Standortkonkurrenz« festschreibt.[16] Die »Modernisierung

---

[16] Die »ständischen« Momente der Gewerkschaftspolitik werden dadurch noch verstärkt. Die Kooperationsbereitschaft gegenüber dem »Kapital« soll gegen die Bewahrung von relativen Privilegien noch-beschäftigter Arbeitnehmer in den Großbetrieben (z.B. der Automobilindustrie) eingetauscht werden. Daraus resultiert der Verzicht auf das Gegenmachtkonzept und schließlich die Entpolitisierung des Selbstverständnisses gewerkschaftlicher Interessenvertretung. J. Kelly (Union militancy and social partnership, in: P. Ackers u.a., The New Workplace and Trade Unionism, London 1996, hier S. 101f.) faßt die Ergebnisse eines Vergleichs zwischen der »militanten« und der »moderaten« (sozialpartnerschaftlichen) Gewerkschaftspolitik folgendermaßen zusammen:»Reliance on employer sponsorship and co-operation with consultive and advisory institutions can weaken or inhibit the growth

der Gewerkschaften in Europa«, die vor allem vom DGB im EGB propagiert wird,[17] unterschätzt den Widerstand der organisierten Kapitalinteressen und des Neoliberalismus gegen die Entwicklung eines »Europäischen Sozialmodells« – und sie unterschätzt die negativen Wirkungen der Währungsunion unter der Führung der Bundesbank (»Modell Tietmeyer«) auf die Verhandlungsmacht der Gewerkschaften.

Auch geringe demokratische und sozialpolitische Fortschritte auf der EU-Ebene waren stets Ergebnis eines politischen Drucks, der auf der nationalen *und* der europäischen Ebene von gewerkschaftlichen und politischen Kräften, aber auch von spontanen sozialen Protestbewegungen ausging. Die geringen Fortschritte, die in Amsterdam erzielt wurden[18] (Aufwertung des Sozialprotokolls und das Beschäftigungskapitel), waren Ergebnisse von Veränderungen der politischen Machtverhältnisse in Frankreich und Großbritannien, in denen sich – trotz erheblicher Unterschiede – die Legitimationskrise des »neoliberalen Projektes« – als Resultat des Zerfalls hegemonialer Führungsfähigkeit »von oben« *und* des Drucks sozialer Bewegungen »von unten« – verdichtete.

Den Gewerkschaften kommt in den Auseinandersetzungen um eine progressive »Wende« eine äußerst wichtige Bedeutung zu. Auf der einen Seite zielt die gewerkschaftliche Programmatik auf zentrale Elemente einer alternativen Wirtschafts- und Gesellschaftspolitik – Korrektur der Verteilungsverhältnisse, Arbeitszeitverkürzung und Neubestimmung von Arbeit, Beschäftigungs-

---

of workplace union organisation and of any capacity to mobilise the union's membership for action against the employer. Advocates of moderate unionism have seriously underestimated the antagonism of employers to union presence, to union organisation at the place of work and to collective bargaining ... Militant unionism ... embodies a recognition of the antagonism of interests between workers and employers ... Consequently, militant trade unionism quite rightly seeks to defend the right to strike and to maintain the willingness and capacity of the membership to take collective action. Trade unionism without these attributes depends on employers and the state for its survival, whereas militant trade unionism builds on the only reliable foundation, namely its membership and their willingness to act«.

[17] Vgl. dazu z.B. das programmatische Heft 1/1995 der Zeitschrift Transfer. European Review of Labour and Research, hrsg. vom Europäischen Gewerkschaftsinstitut (EGI, Brüssel).

[18] Wichtiger als die Verhandlungsergebnisse von Amsterdam waren daher auch die Demonstrationen zum Abschluß der europäischen Arbeitslosenmärsche und der »Gegengipfel« von Amsterdam.

politik, Verteidigung des zivilisatorischen Kerns öffentlicher Dienstleistungen und von sozialen Grundsicherungen, Verbesserung von Bildung und Ausbildung, Verteidigung und Erweiterung der Demokratie. Auf der anderen Seite wird allein die Dynamik sozialer Bewegungen und Kämpfe, in denen Gewerkschaften eine orientierende Rolle zu spielen vermögen, jene Veränderungen der ideologischen und politischen Kräfteverhältnisse herbeiführen, die dem uneingelösten Projekt der Moderne – in der historischen Tradition der Aufklärung, der Menschenrechte und des Kampfes um soziale Gerechtigkeit – im Übergang ins neue Jahrhundert neue Wirkungskraft verleihen könnten.

Den Intellektuellen kommt dabei – wie die Interventionen von Pierre Bourdieu verdeutlichen – eine besonders wichtige Aufgabe zu: der Selbstreflexion wie der analytischen Klärung der obwaltenden »neuen Unübersichtlichkeit«. Die Aufforderung des us-amerikanischen Philosophen Richard Rorty »Zurück zur Klassenpolitik«[19] fügt sich in den (internationalen) Chor der mächtiger werdenden Stimmen ein, die vor allem die Hinwendung der akademischen (sozialwissenschaftlichen) Intelligenz zur Kapitalismusanalyse und -kritik einfordern. Es ist an der Zeit, daß solche Stimmen auch an den deutschen Universitäten gehört werden.

---

[19] »Das Beste, was der amerikanischen Linken passieren könnte, wäre eine Rückkehr der Akademiker in den Klassenkampf ...« R. Rorty, Zurück zur Klassenpolitik. Über die Ungerechtigkeit in den Vereinigten Staaten und die Zukunft der Gewerkschaften, in: Die Zeit vom 18. Juli 1997, S. 40.

Hans-Jürgen Urban

Vom schwierigen Projekt einer proeuropäischen Europakritik

Anmerkungen zur Debatte um ein soziales Europa

Mit seiner Kritik am »Modell Tietmeyer« hat Pierre Bourdieu die deutsche Europa-Debatte auf erfrischende Weise belebt. Dem aktuell (nicht nur) in Deutschland vorherrschenden monetaristischen Rigorismus, der die sozialen Ansprüche der Gesellschaft den Spielregeln der Finanzkapitalmärkte zu unterwerfen sucht, stellte er die Forderung eines europäischen, supranationalen *welfare state* gegenüber und mahnte zugleich die Mobilisierung »aller fortschrittlichen Kräfte (an), die auf diese Weise der falschen Alternative entgehen, die man ihnen aufzuzwingen sucht – zwischen einem wahren Nationalismus und einem falschen Internationalismus, der nur die Maske eines veritablen Imperialismus ist«.[1]

Mit dieser Intervention formulierte Bourdieu nicht nur eine breit wahrgenommene Kritik der Europäisierung des deutschen Geldwertfetischismus; zugleich legte er den Finger in eine offene Wunde der (europäischen) Linken. Denn trotz einer mittlerweile Jahrzehnte alten Debatte um die »soziale Dimension« Europas müssen sich gerade jene »fortschrittlichen Kräfte« eingestehen, daß sie bei dieser Aufgabe bisher nicht sonderlich erfolgreich waren. Das trifft nicht zuletzt auf die Gewerkschaften zu. Nicht, daß diese Herausforderung in den gewerkschaftlichen Debatten keine Rolle spielte.[2] Aber zweifelsohne muß bis heute

---

[1] P. Bourdieu, Warnung vor dem Modell Tietmeyer, in: ders., Der Tote packt den Lebenden, Hamburg 1997, S. 171ff., hier S. 176.

[2] So hat z.B. die IG Metall am 10. Juli 1997 eine Fachtagung unter dem Titel »Europäische Währungsunion – Zwischen Stabilitätspakt und Beschäftigungskrise« (Dokumentation i.E.) durchgeführt, auf der die gewerkschaftlichen Forderungen nach einer tarif- und beschäftigungspolitischen Flankierung der EWWU erneut dargelegt und begründet wurden.

ein erheblicher Europäisierungsrückstand sozialer Regulierungen gegenüber der ökonomischen, aber auch politischen Integration diagnostiziert werden.

Bei der Frage nach den Ursachen dieser Defizite wird oft der Vorwurf subjektiver Unwilligkeit an die Gewerkschaften gerichtet. Sie zögen es vor – so eine beliebte Sichtweise – sich in der »nationalen Wagenburg« zu verschanzen, und es fehle ihnen – wider besseres Wissen – an Mut, sich auf das unbekannte Terrain der supranationalen Interessenvertretung herauszuwagen. Diese Einschätzung ist zum einen sicherlich nicht falsch. Momente eines »wirtschaftlichen und institutionellen Nationalismus« (W. Streeck), also der Verteidigung nationaler Produktivitätsvorsprünge (als Basis erkämpfter Sozialstandards), oder der Bewahrung institutioneller Arrangements (als erprobter und vertrauter Modi der Interessenvertretung) sind nicht zu übersehen und haben die Gewerkschaften in den nationalen Politikarenen festgehalten. Aber zugleich ist dieser Blick auf die Dinge doch sehr eng. Jedenfalls birgt er die Gefahr einer subjektivistischen Verkürzung der Problembeschreibung in sich, die die Hartnäckigkeit objektiv-struktureller Hemmnisse bei der Herausbildung europäischer, sozialstaatlicher Strukturen zu unterschätzen droht.

Eine Ursache dafür besteht wohl in der zweifelsohne gut begründeten Abneigung der deutschen Linken (innerhalb wie außerhalb der Gewerkschaften), über Europa »schlecht zu reden«. Die fraglos berechtigte (Selbst-)Kritik der Gewerkschaften fällt leichter als die an Europa. Außer in einigen akademischen Diskursen findet eine linke Europakritik nicht statt. In der medialen Öffentlichkeit kommt sie wahrnehmbar entweder von rechts oder schwimmt auf der Welle eines dumpfen Wahlkampf- und DM-Populismus.

Die Vorstellung, von dieser Seite vereinnahmt zu werden, ist zugegebenermaßen reichlich unappetitlich und die Angst davor berechtigt. Doch die linke Europaposition kann sich nicht durch Kritiklosigkeit von derjenigen der Rechten unterscheiden. Die Überwindung des sozialpolitischen Defizits in der EU setzt auch eine illusionslose Aufarbeitung der politischen Kräfteverhältnisse in der EU sowie der interessenpolitischen und institutionellen Blockaden in den europäischen Verhandlungssystemen voraus. Nicht, um die bisherigen Unzulänglichkeiten schön oder einem europapolitischen Attentismus der Gewerkschaften das Wort zu reden. Vielmehr, um zu einer realistischen Ausmessung der Handlungsspielräume und Freiheitsgrade einer sozialen Politik sowie zu einer zielführenden Bestimmung der Handlungsebenen in Europa zu gelangen.

Dabei stehen (auch) die Gewerkschaften vor einer Doppelaufgabe: Es geht – erstens – um die Kritik der neoliberalen Deformation der europäischen Integration, des Mißbrauchs als gigantischem Angriff auf die sozialstaatlichen Errungenschaften des fordistischen Kapitalismus. Diese Strategie verspielt in den Bevölkerungen der Mitgliedsstaaten zunehmend die Akzeptanz Europas und erhöht die Gefahr nationalistischer Rückschläge. Dem muß – zweitens – das Gegen-Projekt eines neuen, sozial-ökologischen Entwicklungsmodells für Europa gegenübergestellt werden, das aus den Energien der aktuellen Proteste seine Schubkraft für eine soziale Regulierung der Integration gewinnt. Für die Rechte mag der Rückbezug auf die Nation eine Option sein, die Linke steht vor der Herausforderung einer *proeuropäischen Europakritik*.

Europa: Erosionsvehikel, Rettungsanker oder Gestaltungsfaktor?

Das Problem beginnt jedoch bereits mit der Frage nach der grundlegenden Entwicklungsrichtung des europäischen Integrationsprozesses bzw. dem Stellenwert »des Sozialen« in ihm. Die Forschung tut sich schwer. So konstatiert H.-W. Platzer zu recht massive Unsicherheiten und Orientierungsprobleme in der wissenschaftlichen Europadebatte. »Die übergreifende Frage nach Stand und Zukunft des ›europäischen sozial- und wohlfahrtsstaatlichen Modells‹ im Prozeß ökonomischer Globalisierung/Triadisierung ist politisch und fachwissenschaftlich ebenso umstritten wie die darin eingebettete Frage nach der bisherigen Substanz und den Entwicklungsperspektiven der ›sozialen Dimension‹ in einem sich ökonomisch-politisch integrierenden Europa.«[3] In Anlehnung an Platzer lassen sich in der Debatte der Linken drei Interpretationstypen ausmachen, die sich insbesondere in der Einschätzung des erreichten Standes bzw. der zukünftigen Chancen eines europäischen, wohlfahrtsstaatlichen Modells unterscheiden:

---

[3] H.-W. Platzer, Erosionsvehikel, Rettungsanker oder Gestaltungsfaktor? Die Auswirkungen der Europäischen Union auf den Sozialstaat, in: Internationale Politik und Gesellschaft 1/1996, S. 20ff., hier S. 20.

■ Die eine Interpretation sieht in der EU ein *Erosionsvehikel* für die sozialstaatliche Verfaßtheit der europäischen Gesellschaften. Der Integrationsprozeß werde eindimensional von der Handlungslogik der unumschränkten Faktormobilität (freier Verkehr von Waren, Dienstleistungen, Kapital und Arbeit) dominiert, die die Logik sozialstaatlicher Interventionen zunehmend zurückdrängt. Die absehbare Perspektive sei eine Marktgesellschaft ohne Staat in Europa und damit die »Entzivilisierung des Kapitalismus« (W. Streeck) durch die Demontage der nationalen, sozialstaatlichen Regulierungssysteme.[4]

■ Die zweite Sichtweise erblickt hingegen in der EU einen möglichen *Rettungsanker* zur Wiedergewinnung der durch die Globalisierung verloren gegangenen wirtschafts-, währungs- und sozialpolitischen Handlungsfähigkeit der Nationalstaaten auf europäischer Ebene. Der nationale Wohlfahrtsstaat alter Prägung könne »im Rahmen eines supranationalen Integrationsraums rekonstruiert werden«. Notwendig sei jedoch eine »Übertragung der wirtschafts-, geld-, lohn- und sozialpolitischen Gestaltungsmacht auf übergeordnete Politikträger des Integrationsraums«.[5]

■ Schließlich wäre jene Position zu nennen, die die EU als *Gestaltungsfaktor* sieht, der im Zuge der weiteren wirtschaftlichen Integration auch die Förderung des sozialen Fortschritts anvisiert oder zumindest ermöglicht. Dies werde nicht zuletzt im Vergleich mit dem sozialpolitischen Vakuum im Nordamerikanischen Freihandelsabkommen (NAFTA) deutlich.[6] Aus dieser Sichtweise wird vor allem auf die Verträge von Maastricht bzw. das »sozialpolitische Protokoll« sowie auf Fortschritte im Bereich des originären Gemeinschaftsrechtes verwiesen.

Die hier nur angedeutete Vielfalt, ja Gegensätzlichkeit der Interpretationen verweist auf eine gewisse Hilflosigkeit bei der analytischen und normativen Durchdringung des Phänomens »Europa.« Immer noch taumelt die Linke zwischen dem schönen

---

[4] Vgl. z.B. F.W. Scharpf, Politische Optionen im vollendeten Binnenmarkt, in: M. Jachtenfuchs/ B. Kohler-Koch (Hrsg.), Europäische Integration, Opladen 1996, S. 109ff.

[5] A. Heise, Der Mythos vom »Sachzwang Weltmarkt«. Globale Konkurrenz und nationaler Wohlfahrtsstaat, in: Internationale Politik und Gesellschaft 1/1996, S. 17ff, hier S. 22.

[6] In diese Richtung argumentiert z.B. W. Lecher, Europäische Arbeitsbeziehungen – offene Flanke der Gewerkschaften, in: Gewerkschaftliche Monatshefte 6/1997, S. 360ff.

Traum der Überwindung nationaler Borniertheiten in einem sozialen Europa und der schnöden Wirklichkeit der europäischen Arbeits-und Sozialbeziehungen hin und her.[7] Jedoch wäre (gerade aus gewerkschaftlicher Sicht) ein höherer Grad an »Klärung« wünschenswert. Dabei kann selbstredend nicht eine, die kontroverse Debatte beendende Monopolinterpretation das Ziel sein; vielmehr geht es um die Erarbeitung einer gemeinsamen Deutungsgrundlage als Voraussetzung gemeinsamer Politikfähigkeit der Linken. Denn ohne einen *analytischen Minimalkonsens* in der grundsätzlichen Beurteilung der europäischen Integration wird weder die Formulierung konzeptioneller Reformalternativen noch ihre Durchsetzung möglich sein.

Blockaden bei der Europäisierung gewerkschaftlicher Politik

Sicherlich wirkt diese analytische Unentschlossenheit auch in die gewerkschaftsinterne Debatte hinein und erschwert die ohnehin nicht leichte Formulierung einer konsistenten und glaubwürdigen Europapolitik.[8] Doch dies ist nicht das größte Problem bei der Europäisierung gewerkschaftlicher Politik. Hinzu kommen die schwierigen sozial-ökonomischen und politischen Rahmenbedingungen in den europäischen Nationalstaaten. Phasen struktureller Massenarbeitslosigkeit und neoliberaler Hegemonie sind Phasen gewerkschaftlicher Defensive. Gerade Burkart Lutz hatte herausgearbeitet, daß die »Neutralisierung des Lohngesetzes« im Zuge einer erfolgreichen wohlfahrtsstaatlichen Politik eine ent-

---

[7] Diese 1993 von E. Altvater und B. Mahnkopf formulierte Einschätzung trifft wohl auch heute noch zu, vgl. dies., Gewerkschaften vor der europäischen Herausforderung, Münster 1993, S.11ff.

[8] So wurde die Zustimmung der IG Metall zur EWWU trotz der endgültigen Ablehnung der eingeforderten europäischen Beschäftigungspolitik durch die Bundesregierung und der Verlängerung der beschäftigungsfeindlichen Austerity-Policy durch den »Stabilitätspakt« in keiner Weise verändert; eine Bindung der gewerkschaftlichen Zustimmung an die Realisierung beschäftigungspolitischer Mindestbedingungen fand nicht statt (Übergang von einer »Ja, aber« zu einer »Nein, wenn nicht« – Position). Dies nährt den Verdacht, nach dem die gewerkschaftliche Unterstützung der EWWU vor allem auf der (wohl zutreffenden) Erwartung beruht, die gemeinsame Währung erhöhe insbesondere die Wettbewerbsposition der deutschen Exportindustrie – eine höchst prekäre Grundlage für eine gewerkschaftlich Position.

scheidende Determinante jener Prosperitätskonstellation der Nachkriegsära darstellte, in der die Gewerkschaften in Europa ihre Erfolgsstorys schreiben konnten.[9] Seit den 80er Jahren wurde jedoch der Mechanismus der industriellen Reservearmee durch die Zangenbewegung zweier Entwicklungen reaktiviert: Zum einen hat in allen EU-Staaten die gegenläufige Entwicklung aus forcierten Produktivitätszuwächsen und nachlassenden Wirtschaftswachstumsraten in erheblichem Umfange zur Herausdrängung lebendiger Arbeit aus dem Produktionsprozeß geführt.[10] Zum anderen hatten sich europaweit staatliche Sparkonzepte durchgesetzt. Mit dem Ziel einer Entlastung der Wirtschaft und der öffentlichen Kassen von den wachsenden Sozialkosten wurden einschneidende Maßnahmen der Kostendämpfung im Bereich der sozialen Sicherheit getroffen.[11] Dabei wirkten die »Konvergenz-Kriterien« der EWWU als externer Verstärker. Zwar gelang im Zuge der rigorosen Umverteilungspolitik eine erhebliche Entlastung der Unternehmen, die Ziele der Konsolidierung der Staatshaushalte und der Reduzierung des notwendigen Sozialaufwandes wurden jedoch verfehlt. Insbesondere die europaweite »prozyklische Parallelpolitik« (A. Oberhauser) verschärfte die Arbeitslosigkeit, blockierte wirtschaftliches Wachstum und führte die Staaten geradewegs in die »Sozialabbau-Falle« und damit zu höheren Sozialausgaben.[12]

---

[9] Als zweite entscheidende Determinante nannte Lutz die Überwindung der dualen Wirtschaftsstruktur, die aus einem modernen, industriell-marktwirtschaftlichen und einem traditionellen, eher hauswirtschaftlich und handwerklich geprägten Sektor bestand, vgl. ders., Der kurze Traum immerwährender Prosperität. Frankfurt a. M./New York 1984, S.115ff.

[10] Vgl. die Länderstudien in H.J. Bieling/F. Deppe (Hrsg.), Arbeitslosigkeit und Wohlfahrtsstaaten in Westeuropa. Neun Länder im Vergleich. Opladen 1997. Siehe ferner (die Entwicklung über Europa hinaus mit einbeziehend): Internationales Arbeitsamt (ILO), Beschäftigungspolitik in einem globalen Kontext. Genf 1996.

[11] Europäische Kommission (Generaldirektion für Beschäftigung, Arbeitsbeziehungen und soziale Angelegenheiten), Soziale Sicherheit in Europa 1995, Luxemburg 1996, S. 14.

[12] Als »Sozialabbau-Falle« kann eine politische Konstellation bezeichnet werden, in der der Versuch unternommen wird, durch Kürzung von Sozialleistungen arbeitslosigkeitsbedingte Haushaltsdefizite zu reduzieren, wobei diese Sparpolitik zum Anstieg der Arbeitslosigkeit und zur Behinderung des Wirtschaftswachstums beiträgt und dadurch letztlich das Sozialbudget und die Sozialleistungsquote (als Quotient aus BIP und Sozialbudget) nicht sinken, sondern steigen. Zu diesem Mechanismus am Beispiel Deutschlands

Arbeitslosigkeit und Sozialabbau trugen erheblich zu einer Verschärfung der sozialen Konkurrenz auf den Arbeitsmärkten und somit zur Defensive der Gewerkschaften bei. Die Erosion gewerkschaftlicher Durchsetzungsmacht auf nationaler Ebene befördert jedoch nicht Bereitschaft und Fähigkeit zu einer supranationalen Reorganisation gewerkschaftlicher Gegenmacht, sondern eher einen Anpassungsdruck in Richtung nationaler Modernisierungskoalitionen mit Kapital und Staat. Solche tripartistischen Allianzen auf nationaler Ebene – das hat die Korporatismusforschung gezeigt[13] – nähren auf Seiten der geschwächten Gewerkschaften die Hoffnung, in den politischen Tauschprozessen einen gewissen Halt und damit Schutz vor dem freien Fall in die Bedeutungslosigkeit zu finden. Vor allem aber, und dies interessiert hier besonders, binden sie Aufmerksamkeit und Ressourcen in den nationalen Arrangements und wirken als starke Restriktion gegenüber einer transnationalen Erweiterung gewerkschaftlicher Politik.

Arbeit und Kapital: Asymmetrie transnationaler Strategien

Verstärkt wird diese Eingrenzung in der nationalen Politikarena durch ein Strukturproblem, auf das W. Streeck mit seiner Ergänzung der handlungs- und akteurstheoretischen Sichtweise auf den Integrationsprozeß verweist.[14] Während die bisherige Integrationsforschung sich weitgehend auf die Analyse vorhandener Souveränitätsverflechtungen und Entscheidungsblockaden im transnational-zwischenstaatlichen Handlungssystem konzentriert, plädiert Streeck dafür, auch die interessenpolitischen Konstellatio-

---

vgl. H.-J. Urban, Sparpolitik in der Sackgasse, in: Sozialismus 12/1996, S. 6ff.; zur Entwicklung in der EU vgl. U. Klammer, Zur Umgestaltung der sozialen Sicherung und ihrer Finanzierung – europäische Wege und ihre Relevanz für die deutsche Diskussion, WSI-Diskussionspapier Nr. 37 (Juni 1997), Düsseldorf 1997.

[13] Vgl. bereits J. Esser, Gewerkschaften in der Krise. Frankfurt a. M. 1982.

[14] Vgl. W. Streeck, Politikverflechtung und Entscheidungslücke. Zum Verhältnis von zwischenstaatlichen Beziehungen und sozialen Interessen im europäischen Binnenmarkt, in: K. Bentele u.a. (Hrsg.), Die Reformfähigkeit von Industriegesellschaften. Frankfurt a. M./New York 1995, S. 101ff. Streek bezieht sich hier explizit auf F.W. Scharpf.

nen des zweiten, des vorstaatlichen Handlungssystems der zwei Klassen des transnationalen Arbeitsmarktes, Arbeit und Kapital, und die Wechselwirkungen beider Systeme miteinander, in die Analyse einzubeziehen. Durch diese politökonomische Unterfütterung der Prozesse in der zwischenstaatlichen Arena wird der Blick auf eine doppelte Benachteiligung der Arbeitsinteressen gegenüber der Kapitalseite, auf eine »fundamentale Asymmetrie zwischen den Klassen« frei: »Diese besteht darin, daß der Kapitalseite die Verfolgung einer klassenpolitischen transnationalen Strategie strukturell leichter fällt als der Arbeitnehmerseite, und zwar deshalb, weil sie in ihrem Klasseninteresse handeln kann, indem sie entweder überhaupt nicht oder wie bisher nur auf nationaler Ebene handelt. Die Arbeitnehmerseite dagegen kann ihre Klasseninteressen nur durchsetzen, wenn es ihr gelingt, positive transnationale Strategien zu formulieren, ein aktives interessenpolitisches Handlungspotential auf transnationaler Ebene aufzubauen und die dem zwischenstaatlichen System eigene Entscheidungs- bzw. Nichtentscheidungslogik zu suspendieren«.[15]

Während also die Arbeitnehmerseite auf die Etablierung von institutionellen, normativen und prozessualen Regulierungen, also auf aktives Handeln, angewiesen ist, sind Nichthandeln und ausbleibende Entscheidungen »grundsätzliche politische Aktivposten« der Kapitalseite. Nichthandeln und Entscheidungsblockaden sind jedoch aufgrund von divergierenden interessenpolitischen Ausgangssituationen der einzelnen nationalstaatlichen Akteure (z.B. aufgrund unterschiedlicher ökonomischer und Wettbewerbspositionen, die unterschiedliche Interessen konstituieren) und den EU-spezifischen Entscheidungsmodalitäten (hoher Konsensbedarf bis hin zum Einstimmigkeitsprinzip) logisch wie empirisch die Normalfälle in den hochkomplexen und politikverflochtenen Arenen der Europäischen Union.

Ein Ausgleich bzw. Gegengewicht müßte daher im zweiten, vorstaatlichen Handlungssystem z.B. in Form tarifvertraglicher Vereinbarungen geschaffen werden. Aber auch hier besteht für die Kapitalseite die recht einfach zu praktizierende Möglichkeit der Interessenwahrnehmung durch Politikverweigerung. Gerade daran krankt der vielfach mit großen Hoffnungen beladene »soziale Dialog« in der Europäischen Union. Aus Sicht des Kapitals hat sich dabei die »Politik des leeren Stuhls« durchaus bewährt.

---

[15] Streeck, Politikverflechtung..., a.a.O., S.115.

Zu wirklich marktkorrigierenden Regelungen (also z.B. produktions- und standortbezogenen Standardisierungen) ist es daher bisher kaum gekommen.

Streeck schließt aus dieser Interessens- und Akteurskonstellation auf eine »absehbare Fruchtlosigkeit transnationaler Organisierung« auf der Gewerkschaftsseite und insgesamt recht geringe Chancen für einen europäischen Sozialstaat.[16] Daher rät er den Gewerkschaften, sich der Frage zu öffnen, »wie das hohe deutsche Niveau einer sozialen Sicherung und gewerkschaftlicher Beteiligung in einer integrierten europäischen Ökonomie zu verteidigen ist, deren politisches System sich auch in Zukunft nicht dazu hergeben wird, den deutschen Sozialstaat durch seine europäische Allgemeinverbindlichkeitserklärung vor wirtschaftlichem Wettbewerb zu schützen«.[17]

Nationale, regionale und supranationale Arenen

Dieser eher ungewöhnliche Rat kann für sich in Anspruch nehmen, vor der Illusion zu warnen, als könnten die Gewerkschaften die in den Nationalstaaten im Zuge von Massenarbeitslosigkeit und neoliberaler Hegemonie verlorengegangene Durchsetzungsfähigkeit umstandslos durch transnationale Strukturen auf europäischer Ebene *ersetzen*. Ein »Bündnis der national Geschlagenen« würde jedoch auch auf europäischer Ebene kein durchsetzungsfähiger Akteur sein. Gleichzeitig liefe die einseitige Rückbesinnung auf die Verteidigung bzw. Wiederherstellung nationaler Verankerung ihrerseits Gefahr, aus der Not der bisher nicht geglückten europäischen Etablierung gewerkschaftlicher Politik die Tugend ihrer Renationalisierung zu machen. Abgesehen von den äußerst unsicheren Erfolgsaussichten – auch dies entspräche nicht den Anforderungen in einer europäischen Union, die als transnationales »Mehrebenensystem« (F.W. Scharpf) begriffen werden muß. In einem Mehrebenensystem müssen aber auch die Gewerkschaften mit einer Mehrebenenpolitik agieren, d.h. sie müssen zugleich auf nationaler wie supranationaler und zuneh-

---

[16] Vgl. Streeck, Politikverflechtung..., a.a.O., S. 118ff.
[17] W. Streeck, Die Ent-Zivilisierung des Kapitalismus. Gewerkschaften zwischen Nationalstaat und europäischer Union, in: Internationale Politik und Gesellschaft 4/1996, S. 357ff., hier S. 364.

mend auch regionaler Ebene tätig sein und in ihren Politikkonzepten die Wechselwirkung dieser Handlungsebenen neu definieren.[18]

Doch auch im europäischen Mehrebenensystem sind die Mitgliedsstaaten, insbesondere in der Sozialpolitik, die zentralen Akteure.[19] Zum einen besitzen sie durchaus nationale Handlungsspielräume in der Wirtschafts-, Beschäftigungs-, Fiskal- und Sozialpolitik, die für die Binnenentwicklung der einzelnen Länder von entscheidender Bedeutung sind. Zugleich sind es die nationalen Regierungen, die über die Spielregeln und Vereinbarungen in den transnationalen Verhandlungssystemen der EU (vor allem im Europäischen Rat) und damit über die Entwicklungsrichtung des Integrationsprozesses entscheiden. Für die Gewerkschaften (wie für andere oppositionelle Bewegungen) ist es also nach wie vor sinnvoll, den gesellschaftlichen Druck der sozialen Proteste aufzugreifen, um die Staaten nach innen wie in der EU zu einer beschäftigungspolitischen Wende zu drängen.[20] Dabei geht es auf EU-Ebene vor allem um eine koordinierte Nachfrage- und Beschäftigungspolitik als Gegengewicht zur übermächtigen Geldpolitik.

Ansätze europäischer Arbeitsbeziehungsstrukturen

Zugleich ist im vorstaatlichen Handlungssystem der EU die Verstärkung gewerkschaftlichen Engagements unverzichtbar. Der berechtigte Verweis auf die strukturellen Restriktionen europäi-

---

[18] Zum Bedeutungszuwachs der regionalen Ebene vgl. z.B. F.W. Scharpf, Optionen des Förderalismus in Deutschland und Europa, Frankfurt a. M./ New York 1994, S. 156ff.

[19] Vgl. dazu S. Leibfried, Wohlfahrtsstaatliche Perspektiven der Europäischen Union: Auf dem Weg zu positiver Souveränitätsverflechtung? In: M. Jachtenfuchs/B. Kohler-Koch (Hrsg.), a.a.O., S. 455ff., hier S. 472ff.; und B. Schulte, Europäische Sozialpolitik – Auf dem Weg zur Sozialunion? In: Zeitschrift für Sozialreform 3/1997, S.165ff., hier S. 180ff.

[20] Mittlerweile liegen durchaus konzeptionelle Überlegungen für einen ökologisch geläuterten und gegenüber Fragen des gesellschaftlichen Nutzen sensibilisierten »Euro-Keynesianismus« vor, vgl. z.B. Memorandum europäischer WirtschaftswissenschaftlerInnen, Vollbeschäftigung, sozialer Zusammenhalt und Gerechtigkeit für Europa, in: MEMO-FORUM, Nr.25, Juli 1997. S. 9ff. Ob die Aufnahme des »Beschäftigungs-Kapitels« im Zuge der Vertragsrevision auf dem Amsterdamer Gipfel bereits den entscheidenden Durchbruch markiert, ist zweifelhaft, bleibt jedoch abzuwarten.

scher Interessenvertretung kann bzw. darf nicht als Begründung für den Verzicht auf einen Aufbau »europäischer Arbeitsbeziehungsstrukturen« herangezogen werden.[21] Zwar wird den Gewerkschaften auf absehbare Zeit ein verhandlungsbereites Pendant fehlen. Doch aufgrund des erreichten Europäisierungsgrads der Kapitalbeziehungen und der damit verbundenen Handlungsoptionen für die Unternehmen sind die betrieblichen und gewerkschaftlichen Akteure »auf Gedeih und Verderb auf die vorwärtsgerichtete Öffnung ihres Handlungshorizonts hin zur internationalen und supranationalen Ebene angewiesen.«[22] W. Lecher sieht hier drei Arenen der Arbeitsbeziehungen, in denen gerade die Gewerkschaften eine Initiatorfunktion zu übernehmen haben:

■ Zum einen geht es um die weitere Durchsetzung sozialer Grundrechte und sozial- sowie arbeitspolitischer Mindeststandards durch Vereinbarungen im zwischenstaatlichen Handlungssystem, die durch autonome Regelungen der Sozialparteien ergänzt werden sollten.

■ Der zweite zentrale Entwicklungsstrang besteht in der Installierung und der Stärkung der Euro-Betriebsräte (EBR). Um der Gefahr einer syndikalistischen Vereinnahmung der Euro-Betriebsräte entgegenzuwirken, ist »hier von vornherein die Verbindung von dezentral-betrieblichen Arbeitsbeziehungen und sektoral-tariflichen Strukturen fest im Auge zu behalten und ihre enge Koppelung, insbesondere in den dualen Arbeitsbeziehungssystemen, sicherzustellen«.[23]

■ Dies verweist zugleich drittens auf die Dringlichkeit des Aufbaus einer europäisch-sektoralen Tarifpolitik. Aufgrund der Heterogenität der nationalen Ausgangsbedingungen ist ein europaweites und flächendeckendes System kollektiver Tarifverträge auf absehbare Zeit nicht realistisch. Realistischer und bereits ein großer Erfolg wären intensivere und kontinuierliche Koordinationen der größeren tarifpolitischen Projekte (z.B. Arbeitszeitverkürzung), sowie eine Verstetigung der gegenseitigen Information über nationale Tarifentwicklungen bis hin zur Vereinbarung grenzüberschreitender tarifpolitischer Aktionen und Kampagnen.[24]

---

[21] Zum aktuellen Stand W. Lecher, Europäische Arbeitsbeziehungen..., a.a.O.

[22] Ebenda, S. 362.

[23] Ebenda, S. 367.

[24] Vgl. R. Bispinck/W. Lecher, Tarifpolitik und Tarifsysteme in Europa. Köln 1993.

Ansätze eines europaweiten Systems von Arbeitsbeziehungsstrukturen als einem konstitutiven Bestandteil eines sozial-ökologischen Entwicklungsmodells für Europa sind bereits vorhanden. Über die Chancen eines weiteren Ausbaus und ihrer Vernetzung sollten sich – unter den gegebenen Bedingungen – auch die Gewerkschaften keine Illusionen machen. Insbesondere die Dominanz des Neoliberalismus drängt den europäischen Integrationsprozeß auf einen anderen Entwicklungspfad. Aber auch der längste Hegemoniezyklus findet irgendwann ein Ende. Vielleicht stellen die politischen Entwicklungen in Großbritannien und Frankreich bereits den Anfang vom Ende der neoliberalen Hegemonie dar. Sollte in Deutschland 1998 die Ablösung der konservativ-liberalen Regierungskoalition gelingen, dann sähe die (europäische) Welt schon ganz anders aus.

Heinz Bierbaum

Wirtschaftspolitische Optionen in der Europapolitik

Politische Öffnung

Durch den Sieg der Linken bei den Wahl in Großbritannien und insbesondere in Frankreich ist spürbar Bewegung in die Europapolitik gekommen. Der Integrationsprozeß wird nicht mehr ausschließlich auf Fragen der Währungsunion und der daraus resultierenden Konsequenzen für die Haushaltspolitik der einzelnen Länder reduziert, sondern Themen wie Beschäftigung und die politische Gestaltung Europas gewinnen wieder an Gewicht. Durch den Wahlsieg der Labour Party erhofft man sich nicht zu Unrecht eine stärkere Anbindung Großbritanniens an die Europäische Union und eine stärkere Öffnung im Hinblick auf die soziale Dimension europäischer Politik, die bislang von der britischen Regierung immer negiert, ja ausdrücklich abgelehnt wurde. Und tatsächlich hat die Regierung Blair als eine ihrer ersten politischen Akte das Sozialprotokoll von Maastricht unterschrieben. Freilich wäre es verkehrt, an die veränderte britische Haltung in dieser Frage übertriebene Erwartungen zu richten, zumal in der Wirtschaftspolitik nach wie vor ein im Grundsatz neoliberaler Kurs gesteuert wird.

Einen noch direkteren Bezug zur europäischen Frage hatte die Wahl in Frankreich, waren doch die politischen Auseinandersetzungen um die zur Erreichung der Maastricht-Kriterien einzuschlagende Politik einer der wesentlichen Gründe, warum Staatspräsident Chirac das Parlament aufgelöst und Neuwahlen ausgeschrieben hatte. Die Linke hatte bereits in ihrem Wahlprogramm angekündigt, daß sie in der Europafrage einen anderen Kurs steuern, d.h. die sozialen Belange und vor allem die Beschäftigungsentwicklung in den Vordergrund rücken wolle. Konsequenterweise schloß sich die neue französische Regierung unter Ministerpräsident Jospin zunächst nicht dem insbesondere vom deutschen Finanzminister Waigel vorgeschlagenen Stabilitätspakt an, sondern verknüpfte die europäische Frage wesentlich mit der Beschäftigungsfrage.

Bedingt durch die politischen Veränderungen richteten sich in der Folge hohe Erwartungen an den Gipfel von Amsterdam, die dieser allerdings nicht erfüllen konnte. Die Beschäftigungspolitik stand zwar im Mittelpunkt der Diskussion, doch setzte sich letztlich die auch bisher vorherrschende stabilitätsorientierte Linie durch. Das seitens der Linken geforderte beschäftigungspolitische Programm und die Bereitstellung entsprechender finanzieller Mittel konnten nicht realisiert werden. Auf der anderen Seite sollte man aber die politischen Veränderungen in der Europapolitik auch nicht unterschätzen. Zwar wurde das Ziel der entschlossenen Bekämpfung der Massenarbeitslosigkeit nicht mit Programmen untermauert, doch hat diese Problematik selbst deutlich an Gewicht gewonnen, und es wird darauf ankommen, ob in den anstehenden Konferenzen weitere beschäftigungspolitische Akzente gesetzt werden können. Sicherlich brachte der Gipfel von Amsterdam auch keine wesentlichen Fortschritte im Hinblick auf die Fragen der politischen Integration Europas, auf der anderen Seite hat jedoch insgesamt die Politik wieder stärker Einzug gehalten, und die Europäische Union scheint wieder stärker politisch steuerbar, nachdem zuvor unter dem Gewicht der Maastricht-Kriterien jede Form von alternativer politischer Gestaltung schon nahezu undenkbar erschien.

Die Maastricht-Kriterien

Es kann freilich kein Zweifel daran bestehen, daß die Konvergenzkriterien des Maastrichter Vertrags nach wie vor die Eckpfeiler der europäischen Debatte darstellen. Weniger die politische Integration, noch nicht einmal die wirtschaftliche, sondern die Währungsintegration steht im Vordergrund. Dementsprechend sind auch die Konvergenzkriterien gestaltet. Mit der Preisstabilität, der Teilnahme am europäischen Währungssystem, dem Zinsniveau und der Staatsverschuldung konzentrieren sie sich ausschließlich auf monetäre und fiskalische Aspekte. Der nach dem Vorbild der Deutschen Bundesbank gebildeten Europäischen Zentralbank (EZB) kommt eine wesentliche Bedeutung zu – nicht nur im Hinblick auf Währungsfragen, sondern – wie man gerade am Beispiel der Deutschen Bundesbank sieht – auf die Wirtschaftspolitik allgemein.

Auch wenn die Maastricht-Kriterien in fiskalischer Hinsicht mit Ausnahme Luxemburgs praktisch von keinem Land voll erreicht werden, so sind doch die Harmonisierungsfortschritte beachtlich. Dies gilt insbesondere für die Preisstabilität, wo die vormals beträchtlichen Differenzen zwischen den einzelnen Ländern erheblich eingeebnet werden konnten. Die Konvergenz in den Maastricht-Kriterien bedeutet allerdings alles andere als realwirtschaftliche Konvergenz. Hier gibt es vielmehr erhebliche Unterschiede: im Hinblick auf die wirtschaftliche Entwicklung, die Produktivität und den Arbeitsmarkt und die Systeme sozialer Absicherung, verbunden mit tiefgreifenden strukturellen Disparitäten.

Die mangelnde Anbindung an die realwirtschaftliche Entwicklung stellt den entscheidenden Schwachpunkt des Maastrichter Vertrages dar. Er folgt offensichtlich der Logik, daß über die gemeinsame Währungsunion auch ein einheitlicher Wirtschaftsraum und dann auch eine Angleichung in der realwirtschaftlichen Entwicklung erzwungen werden kann. Der sehr viel sinnvollere Weg wäre gewesen, die realwirtschaftliche Konvergenz zu forcieren – als materielle Grundlage für eine gemeinsame Währung. Dazu hätte es allerdings einer inhaltlichen Verständigung über die einzuschlagende Wirtschaftspolitik und der mit ihr verbundenen Ziele sowie eines erheblich aktiveren wirtschaftspolitischen Engagements bedurft.

Dies allerdings wäre – darauf verweist Bourdieu zu Recht – mit der herrschenden neoliberalen Doktrin nicht vereinbar gewesen. Dadurch, daß die Kriterien von Maastricht wesentlich monetaristisch ausgeprägt sind, was zugleich auch eine restriktive Haushaltspolitik bedingt, verbleiben der Politik nur wenig Spielräume – mit der Folge, daß realwirtschaftliche Angleichung nicht nur nicht aktiv betrieben werden kann, sondern letztlich sogar behindert wird.

Dem Vertrag von Maastricht unterliegen die wirtschaftlichen Vorstellungen des Neoliberalismus, wonach durch eine Politik der Deregulierung die Marktkräfte freigesetzt werden sollen, von denen man sich wiederum die entsprechenden Impulse für eine Belebung der wirtschaftlichen Tätigkeit erwartet. Dazu gehört ein weitgehender Rückzug des Staates aus der Arbeitsmarkt- und Wirtschaftspolitik ebenso wie die Schaffung von günstigen Rahmenbedingungen für die privaten Unternehmen durch entsprechende Steuer- und Sozialabgabensenkungen. Im Zentrum stehen insbesondere die Löhne, von deren Reduzierung man sich eine Stärkung der Wettbewerbsposition im Rahmen der internationalen Kostenkonkurrenz verspricht.

Ökonomische Effekte

Druck auf die Löhne auszuüben, ist erklärtes politisches Ziel der Verfechter eines neoliberalen wirtschaftspolitischen Konzeptes im Rahmen der Europäischen Wirtschafts- und Währungsunion (EWWU). Und in der Tat wird sich durch den Wegfall der Wechselkurse im Rahmen der europäischen Währungsunion der Druck, der ohnehin schon auf der Lohnpolitik lastet, weiter erhöhen. Dies gilt zunächst einmal für die eher währungsschwachen, dann aber auch für die währungsstarken Länder. Der Lohn droht zum entscheidenden Anpassungsinstrument zu werden. Dies wird gern übersehen, wenn die positiven Effekte gerade auch für die Lohnpolitik exportstarker Wirtschaften herausgestellt werden. Diese profitieren in der Tat zunächst von einer einheitlichen Währung, während umgekehrt für die wirtschaftlich eher schwachen Länder wirtschaftspolitische Gestaltungsmöglichkeiten entfallen.

Der ökonomische Effekt der Europäischen Währungsunion liegt aber nicht nur in der Beseitigung der Wechselkursspekulation, sondern beabsichtigt ist vor allem die Stärkung Europas als Wirtschaftskraft. Durch eine einheitliche Währung versucht man der ohnehin hohen ökonomischen Verflechtung innerhalb der Europäischen Gemeinschaft Rechnung zu tragen und dadurch den europäischen Binnenmarkt weiter zu stärken. Dies gilt nicht zuletzt auch im Hinblick auf den internationalen Wettbewerb der Triadenmächte. Die europäische Integration ist Bestandteil der Politik der Globalisierung und darf von weltwirtschaftlichen Fragen nicht abgekoppelt werden.

Die Folgen

Die Entwicklung in den Ländern der Europäischen Union zeigt, daß die neoliberale Strategie ökonomisch keineswegs besonders erfolgreich ist. Die Wachstumsraten bleiben hinter den Erwartungen zurück. Die Arbeitslosenzahlen sind unverändert hoch und die Arbeitslosigkeit hat sich strukturell weiter verfestigt. So lag im Mai 1997 die EU-Arbeitslosenquote bei 10,8%, was bedeutet, daß in der Europäischen Union 18,2 Millionen Menschen offiziell ohne Arbeit sind. Tatsächlich dürfte die Arbeitslosigkeit deutlich darüber liegen.

Da hohe Arbeitslosigkeit bedeutet, daß dem Staat weniger Einnahmen zufließen, während sich gleichzeitig – selbst bei Einschränkung der Leistungen – die Sozialausgaben deutlich erhöhen, kommen die Sozialversicherungssysteme erheblich unter Druck. Hier liegt dann auch die Ursache dafür, warum trotz aller Bemühungen die Zielsetzung einer Defizitquote von 3% in allen wesentlichen Ländern der Europäischen Gemeinschaft verfehlt wird. Eine restriktive Haushaltspolitik infolge der Maastrhter Kriterien ist infolge verringerter Spielräume für Konjunktur- und Beschäftigungspolitik kontraproduktiv.

Die seit Jahren betriebene Politik der Umverteilung von unten nach oben, legitimiert durch das Versprechen auf Besserung der Verhältnisse in der Wirtschaft und am Arbeitsmarkt insgesamt, hat nur dazu geführt, daß sich die Verteilungsverhältnisse drastisch zu Lasten der Einkommen aus Arbeit und zugunsten der Einkommen aus Unternehmertätigkeit und Vermögen verändert haben. So ist die bereinigte Lohnquote in der Bundesrepublik Deutschland auf inzwischen 68% zurückgegangen, während sie in den siebziger Jahren noch über 70% betrug. Die immer wieder aufgemachte Rechnung, daß eine Stärkung der privaten Unternehmen zu mehr Investitionen und damit letztlich auch zu mehr Beschäftigung führe, ist nicht aufgegangen.

Keines der wesentlichen Probleme – sei dies die Lage am Arbeitsmarkt, seien dies die Probleme im Bereich der Umwelt oder die wirtschaftlichen Ungleichgewichte – wird durch die neoliberal geprägte Politik gelöst. Stattdessen droht die Politik der Deregulierung die spezifischen Vorteile des europäischen Modells eines sozial abgefederten Kapitalismus auszuhöhlen. Diese liegen in einer Stärkung der qualitativen Faktoren im Rahmen des internationalen Wettbewerbs, die nun leichtfertig zugunsten einer nicht gewinnbaren Kostenkonkurrenz aufs Spiel gesetzt werden. Die wirtschaftlichen Erfolge der Bundesrepublik Deutschland sind ohne eine relative soziale Stabilität undenkbar. Allerdings wird die materielle Basis für die sozialstaatliche Absicherung durch die ökonomische Entwicklung selbst in Frage gestellt, so daß eine einfache Fortsetzung auf der Basis der Prosperitätskonstellation nicht möglich ist – einer Illusion, der die deutschen Gewerkschaften (siehe das DGB-Grundsatzprogramm) immer noch nachhängen. Hierzu bedarf es vielmehr umfassenderer Konzepte gesellschaftlicher Steuerung der Wirtschaft.

Die Gewerkschaften

In die Politik der neoliberal geprägten nationalen Standortkonkurrenz sollen auch die Gewerkschaften eingebunden werden, insbesondere über die Lohnpolitik. Diesem Druck haben sich die Gewerkschaften bislang nur wenig zu entziehen vermocht. Teilweise haben sie sich sogar deren Argumentationsgänge, wonach eine Senkung der Löhne eine positive Beschäftigungsentwicklung nach sich ziehe, zu eigen gemacht (»Bündnis für Arbeit«), auch wenn das neoliberale Modell insgesamt und insbesondere seine sozialen Folgen abgelehnt werden.

Auch im Hinblick auf Maastricht werden seitens der Gewerkschaften zwar die sozialen Folgen beklagt, eine stärkere Ausgestaltung der sozialen Dimension ebenso wie vermehrte Aktivitäten im Hinblick auf steigende Beschäftigung gefordert, doch bleiben die Gewerkschaften mehrheitlich in den Dimensionen der durch die Maastricht-Kriterien vorgegebenen Integration befangen. Dies gilt insbesondere für die deutschen Gewerkschaften, die sich durch eine vorwiegend affirmative Haltung zum Maastrichter Vertrag auszeichnen, die erst in jüngster Zeit einer etwas kritischeren Auffassung Platz gemacht hat. Ganz offensichtlich – dies zeigen die einschlägigen Veröffentlichungen des DGB – ist man von den positiven Folgen einer europäischen Währungsunion für die stark exportorientierte deutsche Wirtschaft so überzeugt, daß die damit verbundene neoliberale Strategie in Kauf genommen wird – ohne sich darüber Rechenschaft abzulegen, daß deren Konsequenz eben in der beklagten beschäftigungspolitischen Untätigkeit und dem immer weiteren Abbau von Sozialleistungen liegt.

Es ist notwendig, daß diese Auffassung zugunsten einer kritischeren und offensiveren Haltung aufgegeben wird, die eigene Vorstellungen nicht nur zur sozialen, sondern auch zur politischen und dabei insbesondere wirtschaftspolitischen Gestaltung der europäischen Integration einschließt. Dies ist schon im Interesse der Wahrnehmung gewerkschaftlicher Kernaufgaben wie etwa in der Tarifpolitik notwendig. Denn eine offensive Lohnpolitik ist im Rahmen eines neoliberalen Standortwettlaufs nicht vorstellbar. Schon das Minimalziel der Sicherung der Realeinkommen bedarf der Überwindung neoliberaler Konzepte. Nur im Rahmen einer auf Nachfragestärkung und gesellschaftliche Entwicklung setzenden wirtschaftspolitischen Strategie wird auch die Verteilungsfrage wieder gestellt werden können und eine offensive

Lohnpolitik möglich sein. Es ist kein Zufall, daß der Rückzug der Gewerkschaften in der Verteilungsfrage mit der mangelnden Diskussion um Alternativen in der Wirtschafts- und Gesellschaftspolitik korrespondiert.

Die Notwendigkeit eines stärkeren gewerkschaftspolitischen Engagements ergibt sich aber auch vor dem Hintergrund der politischen Öffnung infolge der Wahlen in Großbritannien und Frankreich. Ob die insbesondere in der Diskussion im Vorfeld des Amsterdamer Gipfels und auch in den Bemühungen der französischen Regierung aufscheinende politische Alternative der europäischen Integration wirklich entwickelt werden kann, hängt in entscheidendem Maße davon ab, inwieweit sich die Gewerkschaften in Richtung einer gesellschafts- und wirtschaftspolitischen Alternative engagieren.

Die wirtschaftspolitischen Alternativen

Ein wesentliches Element einer solchen Alternative in wirtschaftspolitischer Hinsicht besteht in der Stärkung der Binnennachfrage durch Stärkung der Kaufkraft, eingebettet in einer aktiven Konjunkturpolitik. Mit der – wenn auch vorsichtigen – Anhebung des gesetzlichen Mindestlohns (SMIC) geht die französische Regierung in diese Richtung. Eine solche Politik wird jedoch nur durchhaltbar sein, wenn auch die Gewerkschaften europaweit wieder eine offensivere Lohnpolitik betreiben, gerichtet auf die Steigerung der Realeinkommen. Wirtschaftspolitisch legitimiert sich dies nicht nur dadurch, daß der private Verbrauch und die Binnennachfrage eher schwach ausgeprägt sind, sondern auch durch die Tatsache, daß die Umverteilung zu Lasten der Einkommen aus Arbeit sich wirtschaftspolitisch nicht ausgezahlt hat. Vor diesem Hintergrund ist auch eine Arbeitszeitverkürzung ohne entsprechenden Lohnausgleich kritisch zu beurteilen, wobei angesichts der Arbeitsmarktlage die Verteilung des Arbeitsvolumens über eine Verkürzung der Arbeitszeit grundsätzlich von eminenter Bedeutung ist. Bourdieu stellt in diesem Zusammenhang richtigerweise heraus, daß es angesichts der engen ökonomischen Verflechtung einer europaweiten Arbeitszeitverkürzung bedarf. Denn nur dadurch lassen sich nationale Standortkonkurrenz und damit negative ökonomische Folgen ausschließen.

Der Kernpunkt für eine wirtschaftspolitische Alternative zu dem den Maastrichter Vertrag prägenden neoliberalen Credo liegt in einer aktiven Beschäftigungspolitik. Dies bedingt eine Veränderung der jeweils nationalen Wirtschaftspolitik, erfordert jedoch auch eine europaweite Koordinierung und eigene europäische Programme. Der Schlüssel dürfte in der Verbindung von Zukunftstechnologien und der Verbesserung und dem Ausbau der gesellschaftlichen Infrastruktur liegen. Dazu zählen insbesondere Fragen der Verkehrssysteme, die Energieversorgung, die Kommunikationsnetze, der Städte- und Landschaftsbau und der weite Bereich des Umweltschutzes. Insoweit kann an Programmatiken angeknüpft werden, wie sie etwa im Weißbuch von Delors aus dem Jahre 1993 mit der Schaffung von Arbeitsplätzen durch Ausbau der gesellschaftlichen Infrastruktur enthalten waren. Mit dem »ökologischen Umbau der Industriegesellschaft« ist eine Formel gefunden worden, über deren inhaltliche Gestaltung und Reichweite sich streiten läßt, die jedoch von großen Teilen der Politik und auch der Gewerkschaften inzwischen akzeptiert wird. In diese Grundorientierung lassen sich auch Modernisierungs- und Innovationserfordernisse einbetten und mit dem Ziel der Verbesserung der Lebensbedingungen verbinden. Eine solche Politik bedarf einer intensivierten Forschungs- und Entwicklungspolitik und vor allen Dingen einer breit angelegten Qualifizierungsoffensive.

Diese generelle Stoßrichtung ist zu verbinden mit verstärkten Anstrengungen in der europäischen Strukturpolitik sowohl auf der branchen- als auch auf der regionalen Ebene. Beides ist nicht neu. Schon bislang gab es eine ganze Reihe regionalpolitischer und branchenbezogener strukturpolitischer Aktivitäten. Verwiesen sei etwa nur auf den Bereich der Montanindustrie. Wichtig ist nun, daß die strukturpolitischen Grundgedanken, die in der jüngsten Zeit stark in den Hintergrund gedrängt wurden, wiederbelebt werden, und daß ein konsistentes Konzept für eine derartige Strukturpolitik entwickelt wird und dies zu einem Kernpunkt einer an gesellschaftlichen Zielsetzungen wie der Schaffung von Arbeitsplätzen in der Verbindung mit der Verbesserung der Arbeits- und Lebensbedingungen orientierten wirtschaftspolitischen Strategie wird.

Ein Beispiel für die mangelnde, jedoch dringend gebotene industriepolitische Strategie stellt die Schließung des Renault-Werkes im belgischen Vilvoorde dar, die nicht nur zu erheblichen Protesten, sondern auch zentrale soziale und wirtschaftspolitische Defizite vor Augen geführt hat. Die Schließung dieses Werkes steht stellvertretend für die Kapazitätsprobleme in der Automobilindustrie, die insgesamt auf die Notwendigkeit der Entwicklung einer entsprechenden Branchenpolitik verweisen. Ähnlich wie für eher traditionelle (deswegen aber nicht unmoderne) Zweige wie den Bergbau und die Stahlindustrie gilt es industriepolitische Perspektiven außerhalb der angestammten Tätigkeitsfelder aufzuzeigen und diese mit regionaler Entwicklungspolitik zu verbinden. Wollen Gewerkschaften nicht hilflos den Umstrukturierungsprozessen und den unter Kapitalgesichtspunkten getroffenen unternehmensstrategischen Entscheidungen gegenüberstehen, so müssen sie sich nicht nur mit den entsprechenden Kapital- und Unternehmensstrategien auseinandersetzen, sondern zugleich auch eine über die jeweiligen Unternehmen hinausreichende Perspektive entwickeln.

Dazu ist es nötig, daß innerhalb der Gewerkschaften selbst die Debatte um wirtschaftspolitische Alternativen verstärkt wird. Es geht nicht darum, quasi rezeptartig Felder für aktive Beschäftigungspolitik aufzuzählen und dann zu fragen, wo das öffentliche Geld für derartige Programme herkommen kann. Es geht vielmehr darum, konzeptionell die vorhandenen Ansätze einer gesellschaftlichen Steuerung der Wirtschaft weiterzuentwickeln und dies mit den vorhandenen wirtschaftlichen Ressourcen, insbesondere der vorhandenen Unternehmensstruktur, zu verbinden.

Zentral bleibt freilich der gewerkschaftliche Widerstand gegen die Politik des Sozialabbaus, wie er in dem neoliberal geprägten europäischen Integrationsprozeß entlang der Maastrichter Kriterien eingeschlossen ist. Denn – darauf verweisen die Ereignisse in Frankreich – breiter, gewerkschaftlich getragener und unterstützter Widerstand ist wesentliche Voraussetzung dafür, daß sich Alternativen in der Wirtschafts- und Gesellschaftspolitik entwickeln können.

Die gegenwärtige politische Situation, die zu einer kritischen Reflexion auch der Verträge von Maastricht geführt und die Optionen für die politische Gestaltung der europäischen Integration mindestens erweitert hat, ermöglicht und erfordert zugleich die Diskussion derartiger Alternativen. Die Nutzung der gegenwärtigen politischen Spielräume zu einer alternativen Gestaltung der europäischen Integration muß im Vordergrund stehen. Demgegenüber ist die Frage einer möglichen Verschiebung der Währungsunion von untergeordneter Bedeutung. Mit der Ergänzung oder auch der weniger rigiden Durchsetzung der Maastrichter Kriterien ist es dabei nicht getan. Vielmehr bedürfen diese der grundlegenden Revision. Erforderlich sind Kriterien, die die Stabilität mit realwirtschaftlicher Harmonisierung auf der Grundlage einer an den gesellschaftlichen Bedürfnissen orientierten Strukturpolitik verbinden.

Joachim Bischoff/Richard Detje

Die Ideologie der zweiten Moderne: Globalisierung

Renaissance der Ideologie

Nach dem Zusammenbruch des Staatssozialismus und dem Ende der Systemkonfrontation wurde das Ende des ideologischen Zeitalters verkündet. Wie letztlich die Verarbeitungsformen der Transformationsprozesse in Osteuropa – die mehr Auflösungs- und Destruktionsprozesse sind – sich gestalten, sei hier dahingestellt. Ein Blick auf die Auseinandersetzungen in den reifen kapitalistischen Gesellschaften zeigt jedoch das glatte Gegenteil entideologisierter sozialer Verhältnisse. »Während fast ein Jahrhundert lang die Kräfte der Demokratie und des Staates den Kapitalismus nach und nach gemildert und eingeschränkt hatten, kehren sich die Rollen jetzt um. Und dies vor allem aufgrund einer weltweiten Ausbreitung der Wirtschaft, die die Ohnmacht der untereinander uneinigen Staaten deutlich aufzeigt. Zumindest seit 1991 ist es offensichtlich, daß wir in die Phase des Kapitalismus statt des Staates eingetreten sind.«[1]

Die Begründung, die Albert für den »historischen Bruch« gibt, steht in der Tat in allen entwickelten Ländern im Zentrum der gesellschaftlichen Debatten: Das Schlüsselwort heißt »Globalisierung«. Schillernder kann ein Begriff allerdings kaum sein, wie einer der Exponenten des deutschen Neokonservatismus, der CDU/CSU-Fraktionsvorsitzende Wolfgang Schäuble, hervorhebt: »Es dient als Schlagwort für die unterschiedlichsten Erscheinungen: für die Auswirkungen von Klimaveränderungen ebenso wie für die Herausforderung durch grenzüberscheitende organisierte Kriminalität oder neu erwachte fundamentalistische Bewegungen. Im Mittelpunkt des öffentlichen Interesses freilich stehen

---

[1] M. Albert, Kapitalismus contra Kapitalismus, Frankfurt a. M./New York 1992, S. 228f.

die Folgen weltwirtschaftlicher Verflechtungen im Zeichen sich öffnender Märkte.«[2]

Zweifellos: Im Zentrum steht die politökonomische Problematik. Strittig ist aber bereits die These, daß »Globalisierung« eine objektive Entwicklungstendenz von Akkumulationsprozessen und gesellschaftlichen Verhältnissen bezeichnet, so daß es vor allem um die – diesem vermeintlichen »Sachzwang« am besten gerecht werdende – Verständigung darüber gehe, wie die entwickelten kapitalistischen Länder mit den Folgen dieser Veränderung fertig werden sollen. »Während die einen Globalisierung primär als eine Gefährdung für den Standort Deutschland betrachten, der angesichts des erhöhten internationalen Konkurrenzdrucks nur durch eine Senkung der Lohnnebenkosten gerettet werden kann, sehen die anderen Globalisierung vor allem als eine Konstruktion der Arbeitgeber, mit deren Hilfe soziale Errungenschaften abgebaut werden sollen. Ein dritte Gruppe betrachtet die gegenwärtige Debatte zwischen Arbeitgebern und Gewerkschaften als tagespolitisches Gezänk, das die Globalisierung noch bei weitem unterschätzt. Sie sehen angesichts der Globalisierung das Ende des demokratischen Wohlfahrtsstaates, ja sogar das Ende des Nationalstaates überhaupt gekommen. Dem widerspricht schließlich eine vierte Gruppe sehr deutlich, die Globalisierung im wesentlichen für einen sozialwissenschaftlichen Modetrend hält.«[3]

Eine genauere Ordnung der verschiedenen politischen Schattierungen, die mit dem Reizwort »Globalisierung« verknüpft werden, hilft offenkundig nicht weiter, wenn man den realen Strukturveränderungen auf die Spur kommen will. Deutlich wird auch hier nur die ideologische Aufladung der sozialen Konflikte, in denen – wie Kuda und Lang hervorheben – Heilsversprechen und Endzeitvisionen eng beieinander liegen. »Unter den Konservati-

[2] W. Schäuble, Brauchen wir einen neuen Gesellschaftsvertrag? In: M. Möhring-Hesse, u.a., Wohlstand trotz alledem, München 1997, S. 203. Zur Debatte um einen neuen Gesellschaftsvertrag siehe grundlegend F. Deppe, Ein neuer Gesellschaftsvertrag. Anmerkungen zu einem transnationalen Krisendiskurs. In: Sozialismus 7-1994, S. 25-37. Hamburg. Zur Debatte dazu siehe J. Bischoff, Für eine neue Qualität der Zivilgesellschaft. In: Sozialismus 9-1994, S. 22-25.
[3] M. Beisheim u.a., Globalisierung – Rhetorik oder Realität? In: Jahrbuch Arbeit und Technik, Bonn 1997, S. 96.

ven wird der Traum von der transnationalen Freiheit für Menschen, Kapital und Management als erfüllt angesehen. Von Teilen der Linken werden Niedergang des Industriesystems, Ende der Arbeitsgesellschaft und Zerstörung aller Sozialstaatlichkeit als unausweichlich hingestellt.«[4] Allerdings fällt die Zuordnung zu den opponierenden politischen Lagern keineswegs eindeutig aus: so wird die These vom Ende der Arbeitsgesellschaft nicht nur von einem engagierten Gewerkschaftstheoretiker wie André Gorz vertreten, sondern ebenfalls von dem neogaullistischen Konservativen Séguin geteilt.

Will man dem ideologischen Effekt auf die Spur kommen, muß zwischen ökonomischer Entwicklungstendenz und gesellschaftlicher Bewertung unterschieden werden. Misik deutet dies an: »Der Begriff Globalisierung beschreibt natürlich auch eine Tatsache, doch er ist in erster Linie eine ideologische Kampfvokabel... Das Ideologische des Globalisierungstheorems gründet aber in dem Hinweis, Staat und Politik entgleite zunehmend die Oberhoheit über die ökonomischen Prozesse, wobei es nicht bei der bloßen Feststellung dieses Vorgangs bleibt. Der Mythos der Globalisierung wird zur Rechtfertigung jedweder Art ›sozialer Härten‹, er zerstört mit dem Begriff des Staates auch den der Politik... Der Hinweis ist somit ein Teil dieses Vorgangs, denn er wird zum Motor des Rückzugs der Politik. Wer also von den Geboten wirtschaftlicher Vernunft spricht, dem ist zu mißtrauen. Wer Globalisierung sagt, der will betrügen.«[5]

Die Mächtigkeit des Globalisierungs-Diskurses besteht in der Tat in seinem übergreifenden Charakter: Mit vermeintlich ökonomischen Anpassungszwängen wird zugleich das Ende gesellschaftsgestaltender oder gar -verändernder Politik verkündet. Alternativen scheint es unter dem »Sachzwang Weltmarkt« nicht mehr zu geben. »Politik verkommt zur Standortpflege« (D. Hensche). Und wo politische Gegenentwürfe für obsolet erklärt werden, greift – wie der SPD-Vorsitzende Lafontaine betont – Angst um sich. »Die Angst der Menschen vor Arbeitslosigkeit und sozialem Abstieg wird instrumentalisiert für eine Umverteilungs-

---

[4] R. Kuda/K. Lang, Globalisierung und Gestaltbarkeit: Ansatzpunkte einer gewerkschaftlichen Positionsbestimmung. In: Jahrbuch Arbeit und Technik 1997, Bonn 1997, S. 223.

[5] R. Misik, Mythos Weltmarkt, Berlin 1997, S. 38.

politik zu Lasten der großen Mehrheit der Bevölkerung. Damit erweist sich die konservative Standortpolitik als reine Ideologie.«[6] Allerdings vermag weder die These von der »reinen Ideologie« noch der Vorwurf einer bewußten Täuschung von sozialen Massen letztlich zu überzeugen. Derartige Erklärungsansätze greifen auf die Aufklärungsmanier in der Herausbildungsphase der bürgerlichen Gesellschaft zurück; rätselhafte Gestalten menschlicher Verhältnisse, deren Entstehungs- und Wirkungsprozeß man noch nicht entziffern konnte, werden auf Täuschungsoperationen zurückgeführt, um ihnen den Schein der Fremdheit abzustreifen. Zwar geht es beim Globalisierungs-Diskurs auch um eine Instrumentalisierung von sozialen Tatbeständen und um die Legitimation politischer Machtstrategien. Aber diese gesellschaftliche Macht gründet sich auf die sozialen Mechanismen des kapitalistischen Austausch- und Verwertungsprozesses.

Rationalisierte Mythologie

Als Anfang der achtziger Jahre in der Bundesrepublik ein Hegemonie- und Politikwechsel stattfand, wurde diese Zäsur mit der Ankündigung einer »geistig-moralischen Erneuerung« verknüpft. Die neokonservative Regierungskoalition sah sich selbst in der Traditionslinie einer umfassenden Erneuerung der kapitalistischen Gesellschaftsordnung, die sich zuvor schon in Großbritannien (Thatcher) und den USA (Reagan) durchgesetzt hatte. Der IG Metall-Vorsitzende Zwickel konstatiert heute zu Recht, daß die geistig-moralische Wende enorme Wirkung gezeigt hat: »Wer den Neoliberalismus kritisiert, dem wird Rückschrittlichkeit vorgeworfen. Und wer gar Solidarität und Gerechtigkeit als nach wie vor erstrebenswerte – und noch lange nicht verwirklichte – gesellschaftliche Leitbilder entgegenzusetzen versucht, wird als traditionalistisch geradezu diffamiert... Arbeitgeberverbände und Unternehmen greifen offensiv und rücksichtslos die Arbeitsgesellschaft und damit zugleich die Grundfesten unseres Gesellschaftssystems an, um so in der internationalen Konkurrenz auf Kosten der Arbeitnehmerinnen und Arbeitnehmer zu bestehen. Gewerkschaften kämpfen um den grundsätzlichen Erhalt des So-

---

[6] O. Lafontaine, Internationale Zusammenarbeit im Zeitalter der Globalisierung. In: M. Möhring-Hesse u.a., a.a.O., S. 269.

zialstaates... In der öffentlichen Diskussion werden Gewerkschaften dennoch häufig als Antimodernisierer und Reformblockierer oder als letzte restaurative Verteidigungslinie vor dem Neoliberalismus und ›Kapitalismus pur‹ wahrgenommen.«[7]

Wie berechtigt diese Warnung vor einer kompromißlosen Systemveränderung ist, läßt sich an den jüngsten Äußerungen des Vorsitzenden des Bundesverbands der deutschen Industrie, Henkel, ablesen, der angesichts eines vermeintlichen Reformstaus zur Abschaffung der förderalistischen Struktur der Bundesrepublik Deutschland aufgerufen hat – die laut Verfassungskonsens der Nachkriegszeit als ein Bollwerk gegen eine erneute faschistische Machtkonzentration gedacht war. Die Repräsentanten von Industrie, Handel, Versicherungen und Banken malen die Gefahr des Absturzes des Export-Vizeweltmeisters Deutschland in die Regionalliga an die Wand, wenn weitere Verschiebungen in den Verteilungsverhältnissen zugunsten der besitzenden Klassen vertagt und die Abkehr vom Welfare State nicht zügig vollzogen würde. Sozialer Ausgleich, gesellschaftliche Kompromisse und eine sozialverträgliche Gestaltung des Wirtschaftsprozesses hätten im modernen Kapitalismus nichts mehr zu suchen. »Der rheinische Antikapitalismus suchte den Konflikt zu meiden, der globale Kapitalismus braucht ihn als Stimulans. Konflikte sind somit mehr als ein Phänomen des Übergangs.«[8]

Im Gewand von ökonomischen Tatsachenfeststellungen wird eine normative Anschauung über den Umbau von Lebens- und Arbeitsverhältnissen verbreitet. Diese neokonservative oder neoliberale Gesellschaftsauffassung ist zweifellos ein Widerschein der wirklichen Verhältnisse. So wie sich die wirkliche Befangenheit der Menschen in ihrem Lebensprozeß in der Mythologie, den Volks- oder Zivilreligionen ideell widerspiegelt, so kann man nach Bourdieu diese Ideologie im Übergang zum 21. Jahrhundert als »rationalisierte Mythologie« oder in Anlehnung an Emile Durkheims Bemerkungen über Religion als »wohldurchdachtes Delirium« beschreiben.

Wichtige Charakteristika sind:

---

[7] K. Zwickel, Zukunft gestalten – Arbeitszeitverkürzung jetzt. In Gewerkschaftliche Monatshefte 7/1997, S. 387.

[8] R. Hank, Die Konsensgesellschaft übt den Konflikt. In: M. Möhring-Hesse u.a., a.a.O., S. 67.

1. Es handelt sich um eine neue Form des Ökonomismus

Der gebieterische Zwang zur radikalen Modernisierung der kapitalistischen Gesellschaft wird aus der Unterwerfung unter unverrückbare ökonomischen Entwicklungstendenzen abgeleitet. Zwar mögen die Anpassungszwänge durch nationale Besonderheiten geprägt sein, aber im Prinzip gelten die Erfordernisse für jeden beliebigen Wirtschaftsstandort. Für die Verfechter des »Sachzwang Weltmarkt« haben die hoch gelobten gesellschaftlichen Institutionen der ersten Moderne keinen Bestand: »Am deutlichsten haben sich die Neoliberalen der Welt unter der Flagge des Marktes und der Globalisierung versammelt und proben den Sturm auf die morschen Grundlagen der ersten Moderne, als da wären Sozialstaat, Nationalstaat, gewerkschaftliche Macht, ökologische Hemmnisse privater Investitionsbereitschaft. Es ist schon seltsam: Neoliberale sind Abwickler, die letztlich vor sich selbst nicht halt machen können.«[9]

2. Neokonservatismus als organisierte Ideologie

Die Mächtigkeit dieser neuen Form des Ökonomismus oder der rationalisierten Mythologie der zweiten Moderne kann man daran ablesen, daß die ideologischen Formeln längst die Alltagssprache beherrschen: »Wie Kleingeld laufen sie überall um: dauerhaftes Wachstum, das Vertrauen der Investoren, öffentliche Haushalte, Sozialsysteme, Erstarrung, Arbeitsmarkt, Flexibilität; aber auch Globalisierung, Flexibilisierung, Senkung der Abgabenlast, Wettbewerbsfähigkeit, Produktivität, Deregulierung und so weiter und so fort.«[10] Verbreitung und gesellschaftliche Akzeptanz gründen in den Prozessen kapitalistischer Vergesellschaftung. Allerdings schließt diese wirkliche Befangenheit in dem gesellschaftlichen Reproduktionsprozeß nicht aus, daß die Aktivierung dieser Bewußtseinformen des Alltags generalstabsmäßig betrieben wird. Es ist hinlänglich nachgewiesen, »wie die von amerikanischen Institutionen angeregten und üppig finanzierten Think Tanks und Intellektuellenzirkel, seit dem Kalten Krieg mit

---

[9] U. Beck, Manager nach Singapur, in: Süddeutsche Zeitung vom 11.12.1996. Siehe dazu A. Giddens, Jenseits von Links und Rechts, Frankfurt 1997.

[10] P. Bourdieu, Warnung vor dem Modell Tietmeyer, in: ders., Der Tote packt den Lebenden. Schriften zur Politik & Kultur 2, Hamburg 1997, S. 173.

Überlegung organisiert, unermüdlich daran gearbeitet haben und weiter arbeiten, in Büchern und Zeitschriften und mit Hilfe der Journalisten auch in der Presse dieses neoliberale Denken zu schaffen und zu verbreiten, das heute in den Köpfen der meisten Politiker, rechts wie links, der Journalisten und Kommentatoren sitzt, die in Wirtschaftsdingen nur vage bewandert sind.«[11]

3. Gleichzeitigkeit des Ungleichzeitigen im Kapitalismus
So wie in Deutschland und Frankreich mit Standortnachteilen gegenüber den Niedriglohnproduzenten Mittel- und Osteuropas argumentiert wird, um das inländische Lohnniveau zu senken, so wird mit nahezu identischen Argumenten in Taiwan, Singapur und Indonesien vor dem Konkurrenzdruck aus China und dem drohenden Wettbewerbsverlust der einst wegen ihrer ökonomischen Aggressivität gerühmten »Tigerstaaten« gewarnt. So uniform wie die Diagnosen fallen die Therapievorschläge aus: Es gehe darum, »Voraussetzungen für ein dauerhaftes Wachstum und Vertrauen für die Investoren zu schaffen, indem man die öffentlichen Haushalte unter Kontrolle bringt, das Steuer- und Abgabenniveau auf ein erträgliches Maß absenkt und die sozialen Sicherungssysteme reformiert«.[12] Die Herrschaft der Finanzmärkte hat sich in einem gewichtigen Teil des kapitalistischen Triade-Kosmos bereits durchgesetzt. Die Transformation des »rheinischen Kapitalismus« auf dem westeuropäischen Kontinent soll nun auch noch das Aktionsfeld des globalisierten Finanzkapitals erweitern.

4. Reale Widersprüche: Globalismus und konservative Revolution
Der Neokonservatismus oder Neoliberalismus wird jenseits eines als antiquiert angesehenen Rechts-Links-Schemas angeordnet. Diese Sichtweise wird damit begründet, daß verschärfte Konkurrenz in globalem Maßstab gerade das Abstreifen nationaler Besonderheiten erzwinge. Die These, daß der Nationalstaat im Sog der umfassenden Weltmarktkonkurrenz verschwinde, läßt jedenfalls die Kritik von Teilen der politischen Linken, die Rechte betreibe unterschwellig eine Politik der Re-Nationalisierung, ins Leere laufen. Aber diese Auffassung ist nicht nur unscharf, weil es sich tatsächlich um Formen der Transformation von Wohl-

---

[11] Ebenda.
[12] So Bundesbankpräsident H. Tietmeyer, zitiert in: Ebenda, S. 171.

fahrtsstaaten in – zumindest in der längeren Perspektive – autoritäre, polizeistaatliche Apparate handelt. Der Neokonservatismus bewegt sich in einem prozessierenden Widerspruch: um die »Verbindung zweier kontradiktorischer Haltungen, einer Kombination von Marktliberalismus und Kulturkonservatismus«.[13] Der Versuch der Ausdehnung der Marktgesellschaft auf alle Gesellschaftsbereiche muß gerade die Desintegration von Familie, Schule, Religion und Kultur vorantreiben. Die systemgefährdende Qualität dieses fundamentalistischen Ansatzes wird von Neokonservativen meist bestritten, tritt aber mit dem Erstarken einer rechtspopulistischen Rechten – vom Front National in Frankreich über Finis Alleanza Nazionale in Italien bis zu Haiders Freiheitlichen in Österreich – in Konkurrenz zu den Neokonservativen deutlich in Erscheinung. Bislang ist die neokonservative oder neoliberale Ideologie durch die Benennung des allgemeinen Grundes der Abhängigkeitsverhältnisse charakterisiert; es fehlt jede Romantisierung von naturwüchsigen, religiös-ethnischen Entwicklungsstufen. Dies macht auch den entscheidenden Unterschied zu der Mythologie der ersten Moderne aus, die heutzutage der Anknüpfungs- und Bezugspunkt aller rechtsextremistischen Strömungen ist: »Allgemeiner noch ist die ›Philosophie‹ der konservativen Revolutionäre auf eine wesentlich negative Weise bestimmt, als ›ideologischer Angriff auf die Modernität, auf den ganzen Komplex von Ideen und Einrichtungen, in dem sich unsere liberale, weltliche und industrielle Zivilisation verkörpert‹. Sie läßt sich durch eine bloße Umkehr der Vorzeichen aus den Merkmalen der Gegner ableiten: Frankophile, Juden, Fortschrittsgesinnte, Demokraten, Rationalisten, Sozialisten, Kosmopoliten, Linksintellektuelle (mit Heine als deren Inbegriff) ziehen ihre Negation in einer nationalistischen Ideologie in sich, der es um ›Wiederherstellung des mystischen Deutschtums‹ und die Schaffung von Institutionen geht, mit denen sich der ursprüngliche Charakter Deutschlands erhalten läßt.«[14]

---

[13] A. Giddens, Jenseits von Rechts und Links, a.a.O., S. 14.
[14] P. Bourdieu, Politische Ontologie M. Heideggers, Frankfurt 1988 S. 34f.

In der neokonservativen Ideologie wird die Rückkehr zu den Grundstrukturen der kapitalistischen Produktionsweise gefordert. Die »Hypotheken« des Sozialstaates und der Regulierung des Arbeitsmarktes sollen beseitigt werden, damit das investierte Kapital wieder profitabel »arbeiten« könne. Drückte der Neoliberalismus ursprünglich die heroischen Illusionen des revolutionären Bürgertums aus, will der moderne Neokonservatismus aus Gründen der Konkurrenzfähigkeit die Aufhebung der sozialen Bürgerrechte (Arbeits- und Tarifrecht, soziale Sicherheit). Eröffnete der politische Liberalismus einst den Kampf für die politischen Bürgerrechte, so will der moderne Neokonservatismus die sozioökonomischen Rückwirkungen dieser politischen Emanzipation beseitigen. Die Orchestrierung der verschiedenen Elemente der modernen Mythologie erfolgt über den »Globalisierungs-Diskurs«.

Race to the bottom – die Veränderung des Kapitalismus

Aber warum »rationalisierte« Mythologie – rationalisiert wovon? Wenn es im Grunde »reine« Ideologien nicht gibt, wenn die Mächtigkeit von Ideologien gerade daher rührt, daß sie Sichtweisen auf reale Verhältnisse schaffen, lautet die Frage: Was sind die realen Strukturveränderungen, die im Begriff der »Globalisierung« gleichsam in Watte verpackt sind?

Die wachsende Verflechtung der Nationalökonomien durch Verbesserung und Verbilligung von Transport und Kommunikation, Ausdehnung des Handels und größere Mobilität des Kapitals ist eine langfristige Entwicklungstendenz, keine Qualitätsveränderung des Kapitalismus der neunziger Jahre des 20. Jahrhunderts. »Die Geschichte der Weltwirtschaft seit der industriellen Revolution ist die Geschichte eines immer schnelleren technologischen Fortschritts, eines ständigen, wenn auch ungleichen Wirtschaftswachstums und einer zunehmenden ›Globalisierung‹ – also die Geschichte einer zunehmend komplizierteren und weltweiten Arbeitsteilung und eines immer dichter werdenden Netzwerks aus Güterströmen und Tauschbeziehungen, das jeden einzelnen Bereich der Weltwirtschaft zu einem globalen System verband.«[15] Trotz der Implosion des Staatssozialismus in Osteu-

---

[15] E. Hobsbawm, Das Zeitalter der Extreme, München 1995, S. 118.

ropa kann nicht davon gesprochen werden, daß es in den letzten Jahren im realwirtschaftlichen Bereich einen neuen »Globalisierungsschub« gegeben hätte.

Dennoch haben sich auf dramatische Weise die sozialen Verhältnisse in den kapitalistischen Hauptländern verändert. Das neokonservative »race to the bottom« – internationale Deregulierungs-, Flexibilisierungs- und Privatisierungswettläufe – ist weit vorangekommen. Der Rückbau der sozialen Sicherheit und die Scherenentwicklung von Arbeits- und Sozialeinkommen einerseits und allen Formen der Kapitalrevenue andererseits sowie der internationale Abwertungswettlauf bei Steuern, Abgaben und öffentlicher Regulierung münden in einer neuen Qualität sozialer Spaltung, von Verarmung (auch im System der Arbeit) und Marginalisierungsprozessen. Heute wird ungeniert die wachsende Ungleichheit bei Einkommen und Vermögen als notwendige Bedingung für einen lebendigen Kapitalismus propagiert. »Ein Lohngefälle am Arbeitsmarkt ist ebenso ungefährlich wie ein Gewinngefälle auf den Produktmärkten. Letzteres ist sogar für den Wettbewerbsprozeß unentbehrlich. Es ist nicht einzusehen, warum (langfristig) eine weitgehende Angleichung der Pro-Kopf-Einkommen in der Weltwirtschaft stattfinden soll. Allerdings ist im Zuge der Globalisierung schon bald damit zu rechnen, daß für unqualifizierte Arbeitsleistungen im Norden nicht mehr als im Süden verlangt werden kann... Ziemlich sicher ist aber, daß mit einer zu großen Gleichheit der Einkommen – herbeigeführt durch eine nivellierende Sozialpolitik – der Gesellschaft Gemeinschaftssinn und ›Brüderlichkeit‹ abhanden kommen.«[16]

Die Aufkündigung des sozialen Konsensus der fordistisch-wohlfahrtsstaatlichen Entwicklungsetappe des Kapitalismus kommt nicht aus heiterem Himmel, sondern ist selbst eine – falsche – Antwort auf wachsende Strukturprobleme, wie Lutz zurecht hervorhebt. Fakt ist, daß sich die Wachstums- oder Akkumulationsraten abgeschwächt haben. Fakt ist ferner: Die entwickelten kapitalistischen Gesellschaften haben immer größere Schwierigkeiten, mit der Produktivitätsentwicklung und dem dadurch ausgelösten gesellschaftlichen Strukturwandel fertig zu werden.

, [16] F.L. Sell, Warum Gleichheit wenig brüderlich ist. In: NZZ vom 28./29.6.1997, S. 39.

Der verschärfte Wettbewerb zwischen den kapitalistischen Triade-Zentren rührt nicht aus Globalisierungsprozessen, sondern ist vielmehr eine Folge der Überakkumulation in den Metropolen des Kapitalismus, d.h. der Tatsache, daß die zahlungsfähige Nachfrage weit hinter der Ausweitung der Produktionskapazität zurückbleibt. Und die im Zuge des sozio-ökonomischen Strukturwandels abnehmende Bedeutung der Industrie für die Beschäftigung resultiert – ebenso wie der Rückgang der Arbeitsplätze in der Landwirtschaft – aus einer langfristigen Entwicklung der entwickelten kapitalistischen Ökonomien. Mit einem geringeren Umfang von Lohnarbeit kann eine immer größere Menge an Waren und Dienstleistungen produziert werden.[17] Für die Verbilligung von Transport- und Kommunikationskosten sowie Produktivitätssteigerungen gibt es eindrucksvolle Beispiele. Allerdings schließt diese Entwicklung eine massive Verkürzung von Produktzyklen ein; hohe Entwicklungskosten müssen – bei Differenzierung von Massenprodukten – durch Erschließung aller Märkte in kürzeren Zeiten hereingeholt werden.

Die Entwicklung der Produktivkräfte in den industriellen Leitsektoren signalisiert einen Umbruch in der gesellschaftlichen Betriebsweise – an die Stelle fordistisch-tayloristischer Unternehmens- und Arbeitsorganisation treten neue Formen flexibler Automation. Die Wertschöpfungsketten und Unternehmensnetzwerke werden neu geknüpft. Auf den einzelnen Stufen des Wertschöpfungsprozesses entstehen selbständige Einheiten, die über mehrere Länder und Erdteile verteilt sein können. Diese Entwicklung, ermöglicht durch die Informations- und Kommunikationstechnologie, hat in den Unternehmen zu einer marktgesteuerten Dezentralisierung geführt: rechtlich selbständige Teilbereichsunternehmen führen die eigentlichen Geschäftätigkeiten durch, während die Holding für die Erzielung von Finanz-, Technolgie- und Managementsynergien verantwortlich ist.

Diese Internationalisierungsprozesse vollziehen sich keineswegs global, sondern sind konzentriert auf die exklusiven Stand-

---

[17] »Die Anteile der drei Sektoren Landwirtschaft, Industrie und Dienstleistungen an allen Erwerbstätigen betrugen im Durchschnitt der europäischen OECD-Länder Anfang der 50er Jahre 30:37:33, Anfang der 70er Jahre 11:44:45 und Anfang der neunziger Jahre 6:34:60. Dabei glichen sich die intersektoralen Strukturen an.« G. Ambrosius, Wirtschaftsraum Europa. Vom Ende der Nationalökonomien, Frankfurt a.M. 1996, S. 14.

orte in der kapitalistischen Triade. Die Peripherie wird nicht durch komparative Kostenvorteile an die kapitalistischen Hauptländer herangeführt, sondern umkehrt in größerem Maßstab abgekoppelt.

Globalisierung bezeichnet also zum einen eine Veränderung in der gesellschaftlichen Betriebsweise. Zum anderen wird die stärkere Ausrichtung des Wertschöpfungsprozesses auf eine internationale Arbeitsteilung ermöglicht durch eine neue Dimension und Rolle der Finanz- und Kapitalmärkte. Die Geld- und Finanzmärkte sind weltweit integriert und haben daher ihre Rolle im gesamten Verwertungsprozeß des Kapitals erhöht. »Eine Aufblähung, gar partielle Verselbständigung des Finanzbereichs und die damit verbundenen spekulativen Gewinnstrategien binden einerseits Ressourcen, bilden volkswirtschaftlich gesehen unproduktiven Aufwand, und belasten andererseits die produktiven Erwerbstätigen, aus deren Wertschöpfung ja die Gesamtwirtschaft unterhalten werden muß. Der modernen Wirtschaftstheorie sind leider die alten Kategorien der produktiven und unproduktiven Arbeit abhanden gekommen. Doch damit ist das Problem, das von Adam Smith über Marx bis zur Historischen Schule noch geläufig war, nicht verschwunden.«[18] Ein Shareholder-Kapitalismus, der auf der produktiven Arbeit mit Ansprüchen auf Eigenkapital-Renditen von 15% lastet, ist kein Ausweis für eine neue Effektivität und Rationalität wirtschaftlicher Entwicklung, sondern ist umgekehrt Indiz für die Gefährdung einer Produktionsweise, wenn die Spekulation, statt eine kleine Blase auf den kräftigen Strom der Realökonomie zu sein, dessen Richtungsverlauf verändert.

In der neokonservativen Ideologie wird ohne ethnische und religiöse Verbrämung die absolute Herrschaft des Kapitals gefordert. Die Subjekte sollen sich – ohne irgendwelche Einschränkungen oder gar Sozialisierung von Risiken – den verselbständigten Produkten ihres gesellschaftlichen Verkehrs unterordnen. Die zurückliegende Korrektur des einstigen Bürgerrechtsbegriffs gilt als entscheidender Grund für einen drohenden Niedergang der reifen kapitalistischen Nationen. Da der in den vergangenen Jahrzehnten aufgebaute Sozialstaat und die soziale Erweiterung der Bürgerrechte als entscheidende Gründe für Fehlentwicklungen ausgemacht werden, wird der Gewerkschafts- und Arbeiterbewegung eine prinzipielle Auseinandersetzung aufgezwungen.

---

[18] K.G. Zinn, Jenseits der Marktmythen, Hamburg 1997, S. 96f.

Solidarische Gesellschaft als Alternative

Neokonservative Politiker versprechen sich von der Etablierung der Europäischen Währungsunion eine Verfestigung der Deregulierungsprozesse. Um die westeuropäischen Länder im Triaden-Wettbewerb an die Spitze zu bringen, soll die sogenannte Stabilitätspolitik in der EU auf lange Frist verbindlich vorgeschrieben werden. Das Argumentationsmuster ist bekannt: Um inflationsfreies Wachstum und niedrige Nominalzinssätze als Bedingung für erfolgreiche Preiskonkurrenz und steigende Investitionen herzustellen, müssen die öffentlichen Haushaltsdefizite drastisch und nachhaltig gesenkt, das Steuerniveau gedrückt, der »Umbau« der sozialen Sicherungssysteme von einem ansatzweise solidarischen Umlageprinzip auf das angelsächsische Kapitaldeckungsprinzip privater Vorsorge vorangetrieben und die Lohnkostenkonkurrenz durch flexibilisierte Arbeitsmärkte optimiert werden. Unter diesen Voraussetzungen werden die Ansprüche der Anteilseigner (Shareholder) gesichert, wenn auch um den Preis, daß Massenarbeitslosigkeit und soziale Marginalisierung zu den Fundamenten des europäischen Einigungsprozesses gehören.

Das Projekt einer europäischen Deregulierungsgemeinschaft ist kein Integrationsansatz. Unregulierte Konkurrenz nach dem alten Grundsatz des »survival of the fittest« vertieft die Gräben zwischen den hochproduktiven und den weniger entwickelten Regionen der EU und läßt es fraglich erscheinen, ob selbst die »Fittesten« auf Dauer die Wohlstandsgewinne einfahren. Denn ein europäisches Entwicklungsmodell, das auf einer Deflationspolitik gründet, kennt letztlich keine Gewinner – wie die Verläufe der Weltwirtschaftskrise Anfang der 30er Jahre eigentlich hinreichend deutlich gemacht haben sollten. Geschwächt werden auf Dauer die Binnenmärkte, ohne die auch eine exportorientierte »Modernisierungsstrategie« (nach dem Muster »beggar my neighbour«) nicht funktionieren kann. Die tiefer gewordenen sozialen Spaltungen in Westeuropa zeigen, wie tief das Gift der Standortkonkurrenz bereits in den gesellschaftlichen Organismus eingedrungen ist. Es war deshalb höchste Zeit, daß sich breiter Protest gegen ein Europa der Besitzenden, der Rentiers und der Banken formiert hat.

Die Protestbewegungen haben zunächst einmal zwei recht grundlegende Erkenntnisse wieder ins kollektive Bewußtsein gehoben: erstens, daß Alternativen zu einer europäischen Deregulierungsgemeinschaft damit beginnen, daß Widerstand organisiert und Gegenbewegung mobilisiert wird. Auch wenn es keinen breit in der politischen Linken akzeptierten Gegenentwurf zur herrschenden Austeritätspolitik gibt, so ist doch schon einiges gewonnen, wenn die Deflationsspirale gestoppt und damit den sozialen Zersetzungsprozessen Einhalt geboten wird. Auf eine Formel gebracht: Eine solidarische Gesellschaft wird es in Europa nicht geben, wenn die Demontage des zweifellos reformbedürftigen Sozialstaates heute nicht verhindert werden kann. Und die zweite Erkenntnis betrifft die französische Lektion: Erst Widerstand und Protest schaffen die Voraussetzungen für eine Veränderung der politischen Kräfte- und Mehrheitsverhältnisse. Es bedarf einer gewissen Kultur des Bruchs, um den hegemonialen Diskurs zu »entzaubern« und die eigenen Diskussions- und Verständigungsprozesse entfalten zu können.

Detlef Hensche hebt zu Recht hervor, daß sozialer, gewerkschaftlicher Widerstand zugleich damit steht und fällt, »eine Perspektive jenseits von Ausgrenzung und Spaltung und jenseits des alles dominierenden Konkurrenzprinzips zu entwickeln.«

Dabei geht es zunächst einmal für die Gewerkschaften und die politische Linke darum, in den eigenen Reihen für die Wiedergewinnung der grundlegenden Erkenntnis zu streiten, daß die Überwindung der Wirtschaftskrise und der Massenarbeitslosigkeit eine Politik der Stärkung der privaten und öffentlichen Nachfrage erfordert. In der Auseinandersetzung mit einer neokonservativen Deflationspolitik, die durch Umverteilung des gesellschaftlichen Reichtums zugunsten der besitzenden und vermögenden Klassen sowie der Ignoranz gegenüber öffentlichen Zukunftsinvestitionen die Krisenprozesse seit den achtziger Jahren in Europa verstärkt, kann die Linke deutlich machen, daß Leistung und Effektivität nicht zwangsläufig neokonservative Wertorientierungen sind, sondern mit einem selbstbestimmten Leben, mit Zukunftsvorsorge und Lebensqualität für alle einhergehen. »Grundsätzlich ist Standortwettbewerb unproblematisch, wenn er im Resultat zu einer der Produktionskapazität entsprechenden Konsumtionskapazität führt... Insofern kann der Maastricht-Prozeß nur gelingen, wenn die Partner, insbesondere die wirtschaftlich stärkeren unter ihnen, bereit sind, Wirtschaftswachstum auch durch Ausweitung ihrer Binnenmärkte zu fördern.«[19]

[19] W. Streeck, Gewerkschaften zwischen Nationalstaat und Europäischer Union (Manuskript), Frankfurt 1996, S. 8.

Die verteilungspolitische Debatte muß auf anderem Terrain als dem der Lohneinkommen geführt werden: mit dem Ziel der Zurückdrängung der Hegemonie des Finanzkapitals, um die politische Priorität der Beschäftigungspolitik vor dem Rentiers-Fetisch der Geldwertstabilität. Und die verteilungspolitische Debatte sollte das Thema Arbeitszeitverkürzung wieder europaweit auf die Tagesordnung rücken: gegen die Perpetuierung der Jugendarbeitslosigkeit wäre eine – flexible Übergänge ermöglichende – Verkürzung der Lebensarbeitszeit (»55 Jahre sind genug«) ebenso hilfreich wie die weitere Verkürzung der Wochenarbeitszeit (35- bzw. 32-Stunden-Woche).

Erste Schritte einer breiten Protest- und Widerstandsbewegung in diese Richtungen ermöglichen erst den Einstieg in einen neuen Entwicklungsprozeß, der die von Hensche umrissene »solidarische Gesellschaft« zum Ziel hat. Die dafür erforderlichen umfangreichen Reformprozesse (eines nachfordistischen Sozialstaats, des Tarif- und wirtschaftspolitischen Regulierungssystems, der Demokratisierung des wirtschaftlichen, aber auch des politischen Systems gegen die Herrschaft der Technokraten) würden – wie Burkart Lutz früh hervorgehoben hat – Elemente eines »neuen Gesellschaftsvertrags« und einer »neuen Prosperitätskonstellation« sein, die »durch eine weit stärkere wechselseitige Durchdringung dessen geprägt sein wird, was sich gegenwärtig noch als jeweils getrennte ›Sphären‹ von Politik und Ökonomie darstellt«.[20] Politik in diesem Sinn wird auch noch über den demokratischen Nationalstaat organisiert werden, aber immer mehr in die Schaffung eines europäischen Sozialstaats münden müssen.

---

[20] B. Lutz, Der kurze Traum immerwährender Prosperität, Frankfurt a.M./ New York 1989, S. 266.

»Die Zukunft Europas hängt von den Deutschen ab«

Pierre Bourdieu über die Siege der Linken,
die Auferstehung sozialer Utopien
und das Schweigen der Intellektuellen

*Willkommen in Frankfurt, Herr Bourdieu, der Bankenmetropole
der »Barbarei« und der Wirkungsstätte des »Hohepriesters der
D-Mark«, wie Sie Bundesbankpräsident Tietmeyer einmal genannt
haben. Ausgerechnet dessen Widerstand gegen die Regierung Kohl
hat zusammen mit den Wahlsiegen der Linken in Frankreich und
Großbritannien den Fahrplan für den Euro gehörig durcheinan-
der gebracht. Die Dinge laufen plötzlich in Ihre Richtung: hin zu
einem nicht mehr nur monetären, sondern auch sozialen Europa.
Oder?*

Ja. Die Verknüpfung der Ereignisse ist in der Tat überraschend.
Der Erfolg von Tony Blair, der Linken in Frankreich und die ganze interne Entwicklung der Gesellschaften ergibt eine neue Konstellation, um einen Prozeß in Frage zu stellen, der fatal erschien.
Mein größter Vorwurf gegen Herrn Tietmeyer war, daß er die Dinge so fatalistisch beschrieb, weswegen ich ihn mit Mao Tse Tung
verglichen habe. Auch Maos Gedankengut war deterministisch.
Aber wir kommen jetzt aus dieser Phase heraus und sehen den
Beginn einer politischen Diskussion um Europa.

Um Europa oder für und gegen Europa?

Es ist interessant, daß niemand von denen, die den Maastrichter
Vertrag angreifen, Anti-Europäer ist. Die sind alle für Europa:
Tony Blair, Lionel Jospin. Und selbst diejenigen, die man in Frank-

Dieses Gespräch führten die Redakteurin Brigitte Kols und der Reporter
Rolf Paasch mit Pierre Bourdieu für die *Frankfurter Rundschau* anläßlich
seines Besuches in Frankfurt am Main vom 6. bis 8. Juni 1997. Es erschien
zuerst in der FR vom 13.6.1997 in der Reihe »Das Gespräch«. Wir danken
der FR für die Abdruckrechte.

reich heute als die »Linke der Linken« bezeichnet, sind keine Anti-Europäer.

Wie sieht denn deren Europa aus?
Ich kenne jemanden bei der »Ligue communiste révolutionnaire«, der ein sehr wichtiges Buch über die Mechanismen geschrieben hat, die wir brauchen, um zu einem sozialen Europa zu kommen. Einem Europa mit einem Sozialrecht, mit einem nach Wirtschaftsregionen differenzierten Mindestlohn. Es gibt da auf der Linken eine Reihe ganz interessanter Arbeiten, um Europa zu transformieren, nicht zu zerstören...

... die bisher von der Politik als unrealistisch zurückgewiesen wurden.
Aber da wird Druck auf die französischen Sozialisten ausgeübt. Und zusammen mit den Briten, den Griechen und den nordischen Ländern wird es jetzt eine ganz neue europäische Kraft geben. Meine Hoffnung ist – und deswegen bin ich nach Frankfurt gekommen – daß die Deutschen Teil dieses Prozesses werden. Ich habe hier vor Gewerkschaftern gesagt: »Die Zukunft Europas hängt von Ihnen, den Deutschen, ab.« Besonders von den deutschen Gewerkschaften und ein wenig auch von den deutschen Intellektuellen.

Letztere schweigen allerdings zu Europa. Haben Sie dafür eine Erklärung?
Es gibt hier in Deutschland eine sehr komplexe Vergangenheit. Um das verstehen zu können, muß man sehen, welche Einstellung die Intellektuellen zu der ehemaligen DDR hatten, welche zum Kommunismus. Ich bedaure ihr Schweigen zum Kommunismus, zum Fall der Mauer, aber ich kann es verstehen und kritisiere es nicht. Als Deutscher hätte ich mich vielleicht auch so verhalten. Nach dem Fall der Mauer habe ich einige mir befreundete deutsche Intellektuelle richtig anflehen müssen, mit mir zusammen eine Position zu beziehen. Deswegen wäre es wichtig, jetzt zu Europa eine internationale Gruppe von Intellektuellen zu konstituieren. In einem solchen Rahmen kann man Dinge sagen, die man im eigenen Lande nicht sagen kann. So wurde Emile Zola in der Dreyfus-Affäre zum Verräter abgestempelt, weil er die Armee und die Heimat angegriffen hatte. Oder Jean-Paul Sartre wurde vorgeworfen, er habe in Sachen Algerien die Nation verraten. Wir werden es immer häufiger mit Aktionen zu tun ha-

ben, die eine Art des Verrats sind, und wir müssen die öffentliche Meinung gemeinsam entsprechend entwickeln. Vielleicht werden die deutschen Intellektuellenja jetzt reden.

Dazu sind viele der sogenannten Linken seit 1989 viel zu deprimiert. Sie sind stumm, weil sie sich nicht davon erholt haben, daß der Fall der Mauer Teile ihres Weltbildes zertrümmert hat.
Die Desillusion der deutschen Intellektuellen ist mir ein großes Rätsel, das verstehe ich einfach nicht. Ich habe mich gefreut, daß das im Osten nicht geklappt hat. Damals habe ich in *Libération* geschrieben: »Gott sei Dank sind wir diese Mythologie jetzt endlich los.« Und daß die Hoffnung jetzt im Osten aufsteigt. Das war doch keine Enttäuschung. Man mußte einfach naiv sein, um an all das zu glauben.

Wenn Sie jetzt allerdings im Zusammenhang mit Europa einen »neuen Internationalismus« fordern, dann ist das ein Wort, das man in Deutschland lange nicht gehört und benutzt hat.
Ich bin jemand, der dieses Wort, wenn auch mit Zögern, benutzen kann. Ich war Anti-Kommunist, als alle Intellektuellen Kommunisten waren. Deshalb kann ich diese Dinge sagen, aber selbst für mich ist das schwierig. Ich werde in Frankreich als jemand angegriffen, der die alte Linke wiederhaben möchte. Das sind ehemalige Kommunisten, die ich bekämpfte, als sie noch Kommunisten waren, die mir jetzt vorwerfen, daß ich zu dem Kommunismus zurück will, aus dem sie sich selbst gerade heraus entwickelt haben. Ich will mir hier keine Heldenrolle zuschreiben, aber ich habe das Glück – wie wenige Intellektuelle – eine Freiheit zu haben, und die will ich richtig einsetzen. Ich habe nichts persönlich gegen Tietmeyer. Aber wer außer mir könnte ihn so angreifen, wie ich es getan habe?

Würden Sie mit Herrn Tietmeyer denn jetzt gern mal reden?
Warum nicht? Aber es wäre wohl nicht sehr nützlich, weil ich ihn ohnehin nicht überzeugen könnte. Es wäre sicherlich ein freundliches Gespräch, er ist ja kein Mann der allzu nationalistisch deutsch ausgerichtet ist. Aber er ist jemand, der von seiner Position einfach überzeugt ist.

In Großbritannien ist »New Labour« an der Macht. Der neue Stern heißt Tony Blair. Bei einem Besuch in Bonn hat der jetzt aber eher seine Gemeinsamkeiten mit Helmut Kohl als mit Lionel

Jospin betont. Ist ein Mann, der so viel thatcheristisches Gedan-
kengut übernommen hat, für Sie noch ein Mitstreiter gegen den
Neoliberalismus?
Das ist schwer zu sagen. Blair ist eine sehr zweispältige Persön-
lichkeit. Als ich im vergangenen Jahr in einer Arbeitsgruppe mit
dem deutschen Soziologen Ulrich Beck und dem Briten Anthony
Giddens diskutiert habe, der Tony Blair sehr nahesteht, habe ich
vorher Blairs Erklärungen und Reden gelesen. Ich kann nur sagen, wenn ein Sozialist immer nur von Werten spricht, dann werde ich mißtrauisch. Blair besitzt die Gabe, die politischen Probleme in einer Modernisierung der Lexikographie zu ertränken und
zu verschleiern. Es gibt ja auch noch andere Leute, die heute links
und rechts vermischen und außerhalb der gesellschaftlichen
Schichten und Klassen argumentieren. Das ist eher lästig und
gefährlich und wird vor allem von Tony Blair verkörpert.

Mit Jospins Programm wäre er nie an die Macht gekommen.
Blair operiert in der Tat in einem komplizierten Umfeld. Der Sieg
der Linken in Frankreich könnte Blair nach links drängen, weil
er neue Erwartungen in seinem Land weckt. Auch da könnte es
durchaus eine positive Überraschung geben. Ich bin schon etwas
älter und warte schon so lange auf eine Veränderung. Vielleicht
habe ich da auch einfach nur Illusionen.

Wird sich denn die europäische Sozialdemokratie eher nach dem
britischen oder dem französischen Modell entwickeln?
Das hängt sehr stark von den Deutschen ab. Wenn die Linke in
Deutschland gewinnen würde, wäre ein günstiges Umfeld geschaffen für eine komplizierte Veränderung, die wohl eher sozialdemokratisch als sozialistisch wäre, aber nichtdestotrotz sehr wichtig.

Wir haben den Eindruck, daß Teile der SPD-Spitze eher nach
London blicken, während die deutsche Gewerkschaftsbasis eher
nach Paris schaut.
Das ist nicht schlecht.

Welche Hoffnungen setzen Sie denn persönlich auf Jospin, wo Sie
doch den französischen Sozialismus noch im Dezember vergan-
genen Jahres für »dahingeschieden« erklärt haben.
Ich war, was die französischen Sozialisten anbelangt, sehr pessi-
mistisch. Mitterrand hat den französischen Sozialismus getötet.

Aber über Jospin ist positiv zu vermerken, daß er einen kleinen Bruch zur Ära Mitterrand vollzogen hat. Es gibt eine radikale Kritik dessen, was unter Mitterrand passiert ist. Es hat Korruption und Bestechung gegeben und eine schreckliche Afrika-Politik. Es gab einen Verrat linker Ideale. Jospin wird dies aus Gründen der Realpolitik anders machen. Sonst würde er sich seine gesamte Basis in der Partei zerstören. Seine Schwerpunkte sind heute Integrität, Ehrlichkeit, die Tugenden, und damit stellt er auf eine symbolische Art den Bruch mit Mitterrand dar. Die »Linke der Linken« besitzt da eine hohe Sensibilität. Wir müssen sehen, wie das weitergeht.

Bei Mitterrand kam die Desillusion nach zwei Jahren. Einige behaupten, bei Jospin werde sie schon nach einem halben Jahr einsetzen.
Dies ist eine der sehr oberflächlichen Erklärungen, die zur Zeit zu diesem Thema abgegeben werden. Wenn es eine Enttäuschung geben sollte, dann wird es länger dauern, denn es gibt drei Gründe, warum Jospin hier nicht die Linke von Mitterrand einfach reproduzieren kann: Erstens hat die Enttäuschung über Mitterrand wie gesagt zu einer Linken der Linken geführt, die fast schon organisiert ist und die Dezember-Streikbewegung von 1995 animiert hat. Am Abend der Wahl, als jeder in die Luft sprang, um zu feiern, veranstalteten Freunde von mir vor dem Gebäude der sozialistischen Partei eine Demonstration für die Rechte der Obdachlosen. Das war wichtig, um den Sozialisten in Erinnerung zu rufen, daß Jospin sich im Wahlkampf weder zu den Obdachlosen, noch den Immigrationsgesetzen von Charles Pasqua, noch zu der Dezemberbewegung der Streiks geäußert hatte. Zweitens wird sich die Geschichte nicht wiederholen, weil sich das Volk an die Fehler Mitterrands erinnert und die Parteiführung die Ursachen ihrer Niederlage verinnerlicht hat. Und drittens hat sich der historische Kontext verändert. Die neoliberale Krise, die 1981 kaum begonnen hatte, ist jetzt weit fortgeschritten, auch in Ländern wie Deutschland und Großbritannien. So wird Frankreich viel weniger isoliert sein, wenn die Sozialisten eine Politik der Wirtschaftsankurbelung durch Investitionen betreiben. Das war schließlich mal ein Vorschlag von Jacques Delors, der damals von den Deutschen abgelehnt wurde.

Nicht nur damals!
Gut, aber mit der Arbeitslosigkeit und dem sozialen Druck kann sich das ja ändern. Es gibt andere Elemente: eine europäische Investitionspolitik, Forschung im High-Tech- und Raumfahrtbereich. Da werden die Franzosen weniger isoliert sein. Umgekehrt gibt es das Problem der Arbeitszeitverkürzung, wo die Deutschen viel weiter sind. Was für Frankreich auf nationaler Ebene absolut utopisch wäre, ist dann auf europäischer Ebene durchaus rational. Wenn es zum Beispiel eine europäische Entscheidung für die 35-Stunden-Woche gäbe, dann wäre das auch in Frankreich wirtschaftlich vorstellbar.

Die Durchsetzung von Utopien durch Europa?
Ich glaube, daß die Sozialisten gar nicht mehr die Wahl haben werden, die naiven utopistischen Konzepte, die sie am Anfang hatten, in die Tat umzusetzen. Ich war von Anfang an gegen diesen Utopismus. Ich war gegen die Erhöhung des Mindestlohns, und zwar auf der Grundlage von Umfragen, in denen die Arbeiter uns gesagt haben: »Wenn mein Mindestlohn erhöht wird, setzt mich mein Chef vor die Tür.«

Dennoch: Wenn Tony Blair zu sehr vom Neoliberalismus infiziert ist, dann halten Sie zu defensiv am durchaus reformbedürftigen Sozialstaat fest. Zu dessen Umbau haben wir von Ihnen noch kein Wort gehört?
Das ist auch etwas, wo die Journalisten – zumindest in Frankreich – ihre Arbeit nicht gemacht haben. Die haben behauptet, daß die Streikenden in Frankreich keine Veränderung der Sozialpolitik wollten. Das stimmt einfach nicht. Die Streikenden waren sich absolut bewußt, daß eine neue Form des Sozialstaats gefunden werden muß, sie wollten nur nicht die Form akzeptieren, die ihnen die Regierung aufzwingen wollte. Es ist unter französischen Regierungen Tradition, auf ihrer Autorität zu bestehen, denn Frankreich ist da noch autoritärer und militärischer als Preußen. Der Staat war nicht verhandlungsbereit, der »Staatsadel«, wie ich ihn nenne, an der Spitze der Ministerien war einfach nicht bereit, zu diskutieren. Das hat die Menschen in Aufruhr versetzt, eben weil sie zusammen mit dem Staat das Problem angehen wollten.

Dennoch, es bleibt der Eindruck, daß die Regierung Jospin wie einige ihrer Theoretiker eher rückwärtsgerichtet an »sozialen Errungenschaften« festhalten will. Soll das allein an der falschen Darstellung der Medien liegen?

Es sind nicht nur die Journalisten, die das so darstellen. Auch bei den Unterzeichnern einer Art Petition zugunsten des Plans des damaligen Premierministers Alain Juppé gab es bei der Gewerkschaft CGDT drei für soziale Angelegenheiten zuständige Intellektuelle, die mit ihren Reden und Arbeiten die Gewerkschaften und ihre intellektuellen Unterstützer systematisch diskreditierten. Eben mit dem Vorwurf, deren Kampf um soziale Errungenschaften sei archaisch. Da gab es Journalisten, die für die Leitung einer Debatte so viel verdienten wie ein Eisenbahner im Monat und ihm dann vorwarfen, daß er an Privilegien festhalte. So war es. Dieses Bild vom archaischen, gewerkschaftlichen Frankreich muß zerstört werden, denn damit will man den Konservativismus modern machen.

Wie weit würden Sie denn in der Verteidigung der sozialen Errungenschaften und des öffentlichen Dienstes gehen. Bis zum Protektionismus?

Nein, überhaupt nicht. Das zu behaupten, ist reine Ideologie. Ich habe nie dem Protektionismus das Wort geredet. Einige dieser Ideologen haben gesagt, daß die Bewegung zur Unterstützung der Eisenbahner national und rassistisch gewesen sei. Das ist unglaublich. Man müßte studieren, wer so etwas warum sagt. Das sind Waffen, die eigentlich nicht eingesetzt werden dürften. Als ich im Dezember 1995 am Gare de Lyon das Wort ergriffen habe, war das nicht einfach so. Ich hatte mich bereits länger damit befaßt, bevor ich diese Erklärung gab. Ich hatte alles genau ausgeführt, um hinterher nicht kritisiert zu werden, auf ein bestimmtes archaisches Konzept festgelegt zu werden. Jedenfalls stand links von mir eine junge Frau von einer Gewerkschaft. Die war nicht sehr gebildet, aber hatte in einer Rede auf dem Boulevard alles gesagt, was ich sagen wollte. Ja, sie war noch weiter gegangen: »Wenn wir hier unsere Rechte verteidigen«, sagte sie, »dann sollten wir auch an die Arbeitslosen denken. Was uns angeht, sind wir zu Opfern bereit, aber eine soziale Einstellung muß unsere Grundlage bleiben.« Dann hat einer für die Obdachlosen gesprochen, ein dritter für die Immigranten und dabei einen Afrikaner auf die Bühne geholt. Wenn das Rassismus ist. Alle diese Anklagen des Protektionismus und Rassismus sind einfach falsch.

Aber es gibt genug aus der Arbeiterbewegung, die Le Pen gewählt haben.

Natürlich gibt es Arbeiter, die für die extreme Rechte sind. Aber erstaunlich ist doch eher, daß es heute – und das hätte ich vor 15 Jahren noch nicht so gesagt – eine Linke gibt, die für den sozialen Fortschritt ist und dabei selbst fortschrittlich ist, die Immigranten beispielsweise nicht mehr ausschließt. Dies ist keine Meinung, sondern eine Tatsache, wie die Wahlen gezeigt haben.

Ein anderer Vorwurf, der Ihnen immer wieder gemacht wird, ist ihr bekennender Anti-Amerikanismus. Der Neoliberalismus als Verschwörung amerikanischer »think tanks«, die Dominanz von Hollywood als Totengräber europäischer Kultur, der Preis des Hamburger als Eichmaß aller Währungen. Ist es so einfach?

Man muß da mehrere Anti-Amerikanismen unterscheiden. Es gibt einen sentimentalen, nationalistischen, regressiven Anti-Amerikanismus. Der ist in Frankreich als einem großartigen Land begründet, das seine Kolonien verloren hat und deswegen nationale Ressentiments mit sich herumträgt. Le Pen ist in diesem Sinn anti-amerikanisch. Dann gibt es den Anti-Amerikanismus der Filmproduzenten, der ein Mißtrauen junger, progressiver, moderner Leute gegen Amerika ist. Es gibt schließlich nichts moderneres als einen französischen Filmproduzenten. Mein Sohn gehört dazu, deswegen kann ich das sagen. Die bewundern den amerikanischen Film als phantastisch und großartig. Aber gleichzeitig wissen sie, daß der europäische durch den amerikanischen Film bedroht wird. Nicht durch Amerika, sondern etwas, das mit französischem, deutschem und japanischem Kapital in Hollywood konzentriert ist. Das ist nur ein Beispiel und das ist kein Anti-Amerikanismus.

Da wären wir bei der Frage nach den Gründen für die Attraktivität von Hollywood, die Popularität von McDonalds und dem ideologischen Siegeszug des Neoliberalismus?

Richard Sennett, ein sehr bekannter amerikanischer Soziologe, hat eine Analyse des US-Kulturimperialismus durchgeführt, um herauszufinden, warum Coca Cola und alle diese Billigprodukte weltweit einen so großen Erfolg haben. Das ist sehr kompliziert. Man kann bei McDonalds feststellen: das ist nicht schön und schmeckt nicht gut, aber es funktioniert. Es ist das erste Mal in der Geschichte, daß eine populäre Kultur Snobappeal hat. Und Frankreich ist ja das Land des Snobismus, das jahrelang das

Modell des britischen Snobismus als chic vorgelebt hat. Schon Adorno hat diese mechanische Kultur angeprangert. Das eine ist also die symbolische Logik, das andere ist die Logik eines sehr mächtigen Produktionsapparates, der sich durch die englische Sprache schnell verbreiten konnte und sehr wirkungsvolle, sehr gut gemachte Produkte entwickelt.

Zurück nach Europa, das nicht um einen Produktionsapparat, sondern – wie sie es anklagen – »um eine Bank herum« aufgebaut werden soll. Braucht Europa nicht den Euro, gerade um sich gegen den US-Markt zu behaupten? Ist der Euro nicht wichtig für unsere ökonomische, aber auch soziale Autonomie?
Das ist eine Frage der Strategie. Man kann natürlich sagen, daß wir erst nach der Einführung des Euro über die sozialen Rechte sprechen. Aber es gibt hier ein legitimes Mißtrauen. Und es ist richtig, in bezug auf diesen Prozeß mißtrauisch zu sein. Wenn der Euro ein Mittel sein sollte, um kulturelle und soziale Autonomie zu erhalten, dann sind wir einverstanden. Aber sicher ist sich da niemand. Deswegen müssen wir einfach kämpfen, damit Europa gleichzeitig mit dem Euro auch andere Dinge bekommt. Das ist sehr wichtig. Nur wenn es wenigstens noch eine starke Institution neben dem Ministerrat gibt, wird eine Kontrolle der Zentralbank möglich sein. Und wir brauchen noch mehr: eine Stärkung des Europa-Parlaments und des Europäischen Gewerkschaftsbundes, der zur Zeit nur ein Phantom ist.

Haben Sie keine Angst vor einer Schutzburg Europa?
Wenn Europa autonomer wird, dann ist dies im Interesse der gesamten Menschheit. Es läßt sich natürlich auch ein egoistisches Europa vorstellen, aber aus historischen Gründen werden die verschiedenen Traditionen dazu führen, daß dieses Europa etwas für den Süden tut, was die USA nicht unbedingt tun würden.

Soll es denn jetzt in Amsterdam zu einem neuen Vertrag, einem Maastricht II kommen? Fehlt da nicht noch zuviel?
Ich weiß nicht, was die Politiker in Amsterdam machen werden. Ich habe jedenfalls die Hoffnung, daß wir nun zum ersten Mal eine europäische Diskussion führen werden.

Bisher waren es immer nur sukzessive Diskussionen über ein Referendum hier und einen Streit dort, aber es gab keine gleichzeitige Diskussion der gleichen Probleme. Deswegen bin ich jetzt nach Deutschland gekommen – was eine Art politische Aktion ist. Wir sind an einem Wendepunkt angekommen, der so wichtig ist wie das Datum 1989.

Begreifen das die Menschen nicht zu spät? Gibt es denn im euro-päischen Fahrplan noch Zeit für Veränderungen?
Ich glaube ja. Es wird in Amsterdam kein Wunder geben, aber man wird in Frage stellen, was man eigentlich schon abgehandelt hatte. Es war scheinbar alles geregelt, aber niemand hatte den Vertrag gelesen. Jetzt wird das alles wieder aufgegriffen und diskutiert werden. Und meine Aufgabe besteht darin zu sagen: Alle Intellektuellen müssen bei diesem europäischen Bauwerk mithelfen, nicht unbedingt, um Politik zu machen, aber um die Arbeit zu verrichten. So wie Rousseau die korsische Verfassung geschrieben hat. Wir müssen zu Europa schreiben, Entwürfe produzieren, das ist die Arbeit der Intellektuellen. Ich glaube, ich bin keineswegs Utopist, sondern Realist, wenn ich sage, daß sich hier und jetzt in Europa eine historische Möglichkeit eröffnet. Aber vielleicht irre ich mich ja auch.

Für eine neue europäische Gewerkschaftsdebatte

In vielen Ländern Westeuropas nimmt der Protest gegen Sozialabbau und gegen die Zerstörung der kontinentalen Wohlfahrtsstaaten zu. Die spontanen Proteste werden heftiger und beeinflussen sich wechselseitig – über die Ländergrenzen hinweg. So haben sie auf beiden Seiten des Rheins »französische Zustände« geschaffen – und proklamiert. Gegen die Schließung des belgischen Renault-Werkes in Vilvoorde haben erstmals belgische, französische, spanische und deutsche Automobilarbeiter gemeinsam demonstriert und gestreikt.

Die weitgehend spontanen Proteste durchbrechen die politische Abstinenz, die von der neoliberalen Politik gefördert wird. Sie artikulieren die Ängste und Widerstände, die realen sozialen Beschädigungen, die von den kommerzgesteuerten Medienindustrien weitgehend aus der Öffentlichkeit ausgeblendet werden. Insofern verteidigen die Protestbewegungen mit den sozialstaatlichen Verfassungen zugleich die Fundamente der politischen Demokratie.

Der Protest gegen die Zerstörung sozialer Lebensbedingungen und gegen den neuen Totalitarismus der globalen Sachzwänge muß solidarisch unterstützt werden. Das gilt auch für Aktionen einzelner Berufsgruppen, die von der Modernisierung bedroht und um ihre sozialen Zukunftsaussichten gebracht werden. Nichts kann die materielle Schlechterstellung lohnabhängiger Menschen zugunsten einer Gesamtwirtschaft rechtfertigen, die nicht im allgemeinen Interesse geführt wird. Die Gefahr ist jedoch groß, daß sich die Protestbewegungen in isolierten und hinhaltenden Abwehrkämpfen erschöpfen und schließlich in Resignation und Ressentiments enden.

Die europäischen Gewerkschaften haben sich auf den Epochenwandel und die Krisenbedingungen bisher nicht hinreichend eingestellt. Sie sind mit dem Übergang zum globalisierten, finanzwirtschaftlich dominierten Kapitalismus, mit dem Ende der Systemkonkurrenz und der Aushöhlung der Wohlfahrtsstaaten konfrontiert. Der Druck der Arbeitslosigkeit, die allgegenwärtige Drohung sozialen und politischen Abstiegs, der Marginalisierung und der Ausgrenzung schüren einen Angstkonservatismus, der sich auf die gewerkschaftliche Rolle fixiert, die unter den wohlfahrtsstaatlichen Bedingungen der Nachkriegsjahrzehnte erfolgreich war. Heute führt die Fixierung auf den aufgekündigten sozialstaatlichen Konsens zu einer Politik, die den Abbau von Arbeitnehmerrechten nur noch moderieren kann.

Damit steht die Existenz und Rolle der Gewerkschaften selbst in Frage. Wir halten eine radikal erneuerte, international organisierte und geführte gewerkschaftliche Zukunftsdebatte für erforderlich.

1.

Durch ihre erfolgreiche Integration in die nationalen Wohlfahrtsstaaten der Nachkriegsära hat sich der Charakter der westeuropäischen Gewerkschaften als nationale Verbände noch verstärkt. Die gesamte gewerkschaftliche Interessenvertretung steht heute unter dem zersetzenden Druck ruinöser Konkurrenz, der sie schwächt und individuell, betrieblich, regional und national aufzuspalten droht. Neoliberale Politik verstärkt diesen Druck und zielt auf die Einbindung der nationalen Gewerkschaften in den Wettbewerb um optimale Standortbedingungen für das Kapital. Damit droht den ohnehin schwachen und lockeren internationalen und europäischen Gewerkschaftsbünden weitere Schwächung und Zerfall.

Für die Gewerkschaften wird die Verstärkung und Neubestimmung ihres internationalen Engagements zur Überlebensfrage. Ihre länderübergreifende, internationale Handlungs- und Aktionsfähigkeit muß ausgebaut werden. Nationale Anpassung an die Konkurrenzzwänge der globalen Ökonomie löst die Probleme nicht. Diesen scheinbar übermächtigen Sachzwängen muß eine internationale Politik entgegengestellt werden, die sie dem allgemeinen Wohlfahrtsinteresse unterwirft. Auch die Durchsetzung einer neuen Beschäftigungs-, Umwelt- und Sozialpolitik in den einzelnen Ländern, auch die Stärkung der betrieblichen Interessenvertretung ist nur mit der Aufwertung und Neuformierung der internationalen Gewerkschaftspolitik möglich. Lokales Handeln verlangt heute mehr denn je globales Denken.

2.

Der Neoliberalismus betreibt die Unterordnung der Politik unter die von privaten Interessen bestimmte Ökonomie. Ihrem Funktionieren opfert er die Wohlfahrtsinteressen der Allgemeinheit. Neoliberale Politik ist der Versuch, die Dynamik geld- und profitgesteuerter Effizienz-, Produktivitäts- und Wachstumssteigerung zwanghaft zu verewigen. Getrieben durch den Stachel der Konkurrenz wird die erreichte Überfülle an gesellschaftlichen Produktionskräften in Arbeitslosigkeit und Armut verkehrt, werden alle menschlichen, kulturellen und sozialen Beziehungen dem Diktat ökonomischer Effizienz ausgeliefert. Die Staaten werden mit der neoliberalen Privatisierungs- und Deregulierungspolitik zum Motor schleichender sozialer und kultureller Destruktion.

Der Entwicklungszusammenhang von hohem wirtschaftlichen Wachstum, Beschäftigung, Produktivitäts- und Wohlfahrtssteigerung, auf dem der Erfolg und die Kompromißpraxis der Gewerkschaften in den Nachkriegsjahrzehnten beruht hatte, bestimmt auch heute noch überwiegend ihr Denken und Handeln. Es ist diese unaufgelöste Bindung an die produktivistische Entwicklungsdynamik der vergangenen Industrialisierungsepoche, die sie dem »Wirtschaftshorror«, der Vorherrschaft des destruktiven Ökonomismus ausliefert.

Zukunftsfähige Gewerkschaftspolitik muß sich von diesen ökonomischen Dogmen freimachen. Sie muß ihre Tabuisierung und politische Neutralisierung zu quasi-natürlichen Sachzwängen aufbrechen und ihre tragenden Interessen- und Herrschaftsstrukturen offenlegen. Erst dann ist politische Gestaltungsmacht zurückzugewinnen. Diese muß von den lebenspraktischen Bedürfnissen und Interessen ausgehen, wenn sie gegen die ökonomische Auszehrung der politischen Kultur widerstandsfähig bleiben will.

3.

Der materielle Verteilungskampf wird härter und umfassender. Mit der Umverteilung der Einkommen und Vermögen greift die neoliberale Politik die materiellen Kernstrukturen der wohlfahrtsstaatlich verfaßten Gesellschaften an. Der Verteilungskampf rückt in den Mittelpunkt der politischen Auseinandersetzungen.

Der neoliberalen Politik ist es gelungen, auf Kosten der Arbeitnehmereinkommen und der Staatshaushalte die Kapitalrenditen auf das Niveau anzuheben, das sie in den Prosperitätsjahrzehnten mit ihrem stürmischen Wachstum erreicht hatten. Durch hohe Profitanreize für die Kapitaleigner soll die Wachstumsdynamik belebt und damit Beschäftigung geschaffen werden. Dieses Versprechen war von Anbeginn illusionär, denn das hohe wirtschaftliche Wachstum der Prosperitätsjahre mußte sich auf dem erreichten Produktionsniveau der hochindustrialisierten Länder notwendigerweise abflachen. Die neoliberale Umverteilungspolitik zugunsten des Kapitals hat mit den Arbeitnehmereinkommen die Massenkaufkraft geschwächt. Sie hat dazu beigetragen, die Staatshaushalte in die Verschuldung zu treiben. So werden die depressiven wirtschaftlichen Tendenzen noch verstärkt. Gefördert wurde das Geldkapital und damit ein internationaler Finanzkapitalismus, der sich gegen realwirtschaftliche Erfordernisse verselbständigt. Dieser sichert überhöhte Profitansprüche ab und erschwert arbeitsintensive Produktion. Die verschuldeten Staatshaushalte sind zur zinspflichtigen Pfründe geworden. Internationale Unternehmen entziehen sich der nationalen Steuerpflicht. Zudem werden die Staatshaushalte und die auf der Erwerbsarbeit aufbauenden sozialen Sicherungssysteme durch die endemisch steigende Arbeitslosigkeit ausgezehrt.

Vordringlich ist eine neue verteilungspolitische Debatte, in der eine eingreifende Alternative zur neoliberalen Umverteilungspolitik entwickelt wird. Diese Debatte muß mit der grundlegenden Neubewertung der Arbeit verknüpft werden, die diese sowohl von der herrschenden produktivistischen Logik als auch von der Ideologie befreit, daß hohe Beschäftigung durch weltweit dezentralisierte Arbeitsmärkte erreicht werden kann. Arbeitszeitverkürzung, Ausbau der öffentlichen Beschäftigung, Förderung existenzsichernder Erwerbsformen – das bleiben Kernpunkte im Kampf gegen die Arbeitslosigkeit und für die soziale Zukunftssicherung.

4.

Mit der Politik von Maastricht hat der Neoliberalismus die Vorherrschaft in der europäischen Politik erlangt. Seine einseitige und ausschließliche Ausrichtung auf die Geldstabilität hat aus dem Projekt der gemeinsamen Währung das Diktat einer Spar- und Austerity-Politik gemacht, die zum Generalangriff auf die europäischen Sozialstaaten wird. Die neoliberale Politik wird zum Sprengsatz gegen die politische Einigung Europas. So wird diese für einen wachsenden Teil seiner Bürger zu einem Schreckgespenst, das Ablehnung und Protest herausfordert.

Die Gewerkschaften haben vielfach erst spät und unter dem Druck zunehmender Widerstände begonnen, für eine Revision der Maastricht-Politik einzutreten. Die von ihnen geforderte Lokkerung der Konvergenzkriterien, die Ergänzung der Währungsunion durch die Sozialcharta und einzelne beschäftigungsfördernde Maßnahmen werden jedoch die zentrifugalen sozialen und politischen Tendenzen kaum aufhalten, die im Europa des Euro und der grenzenlosen Konkurrenz noch verstärkt freigesetzt werden.

Die Forderung, die europäische Markt- und Währungsunion durch eine Sozialunion zu ergänzen, wird dieser Situation nicht gewachsen sein. Der provinzialistische Rückzug auf nationalistische und chauvinistische Haltungen wird sich – zumal bei den Verlierern der neoliberalen Modernisierungspolitik – so lange eher verstärken, wie Europa als Quelle der Bedrohung erscheint.

Es besteht die Gefahr, daß auch Gewerkschaften von diesem Sog erfaßt und in den Strudel wechselseitiger Unterbietungskonkurrenz gerissen werden. Andererseits kann die politische Einigung Europas nur durch eine soziale Bewegung gesichert und vorangebracht werden, die auf die europäische Erweiterung der sozialen, wirtschaftlichen und politischen Gestaltungskräfte setzt. Die Gewerkschaften müssen – zusammen mit anderen politischen, sozialen und kulturellen Kräften – dem autokratischen neoliberalen Europa eine Alternative für ein demokratisch verfaßtes, sozial verantwortliches und politisch handlungs- und gestaltungsfähiges Europa entgegenstellen.

Die Entwicklung einer zeitgemäßen gewerkschaftlichen Europapolitik kann nur in dem Maße gelingen, wie aus den schwachen europäischen Bünden nationaler Gewerkschaften eine gewerkschaftliche Bewegung wird, die ihren geistigen und politischen Mittelpunkt in Europa hat und gemeinsam handlungs- und aktionsfähig wird. Sie verlangt eine länderübergreifende, europäisch vernetzte Debatte zur Neuformulierung zukunftsfähiger gewerkschaftlicher Politik in Europa.

Für Europa und seine Länder bedeutet die Vorherrschaft des neoliberalen Marktfundamentalismus die fortschreitende Zerstörung ihrer Zivilgesellschaften. Angestrebt wird die Annäherung an das US-amerikanische Kapitalismus- und Gesellschaftsmodell mit seiner übersteigerten Individualisierung, dem Mangel an sozialem Schutz und der extremen Polarisierung von Einkommen und Vermögen, die rapide wachsende Armut und eine rassistische Durchdringung und Spaltung der Gesellschaft fördern.

Der Prozeß der sozialen Zerstörung führt zu heftigen sozialen und politischen Erschütterungen. Das wachsende politische Gewicht von Rassismus und Nationalismus in Europa ist Ausdruck dieser Krise. Der Neoliberalismus ist nicht die Lösung, sondern selbst Verursacher und Teil der Krise. Sein Scheitern ist offenkundig. Die Politik der Gewerkschaften muß dazu beitragen, endlich eine wirkliche Alternative aufzubauen, die den Grundproblemen der Zeit gerecht wird.

Dafür wollen wir die politische Kraft und das politische Mandat der Gewerkschaften stärken. Wir setzen uns dafür ein, den nötigen Diskussions- und Verständigungsprozeß gemeinsam über organisatorische, soziale und kulturelle Grenzen hinweg vor Ort zu organisieren.

Wir wenden uns mit diesem Aufruf an Kolleginnen und Kollegen in Europa und den europäischen Ländern. Wir wollen die Diskussion und Verständigung mit ihnen suchen und intensivieren und damit zur Bildung des Netzwerkes beitragen, das eine europäische Gewerkschaftsbewegung braucht.

Initiative neue soziale Politik
c/o Industriegewerkschaft Medien – Landesbezirk Hessen
Wilhelm-Leuschner-Str. 69
60329 Frankfurt am Main

VSA: Theorie

Pierre Bourdieu

Die verborgenen Mechanismen der Macht

Schriften zu Politik & Kultur 1

Pierre Bourdieu

Der Tote packt den Lebenden

Schriften zu Politik & Kultur 2

Schriften zu Politik & Kultur 1
Herausgegeben von
Margareta Steinrücke
176 Seiten; DM 32,80
ISBN 3-87975-605-8
Inhalt u.a.: Die feinen Unterschiede; Ökonomisches Kapital – Kulturelles Kapital – Soziales Kapital; Therapie für traumatisierte Akademiker; Vorschläge des Collège de France für das Bildungswesen der Zukunft; Was anfangen mit der Soziologie?; Keine wirkliche Demokratie ohne wahre kritische Gegenmacht; Im Osten erwacht die Geschichte

Schriften zu Politik & Kultur 2
Herausgegeben von
Margareta Steinrücke
208 Seiten; DM 34,80
ISBN 3-87975-622-8
Grundlegungen: Der Tote packt den Lebenden; Zur Genese der Begriffe Habitus und Feld; Für einen anderen Begriff von Ökonomie
Soziale Klassen – Soziale Situationen: Wie eine soziale Klasse entsteht; Eine Klasse für andere; Arbeitslosigkeit als Tragödie des Alltags; Das Elend des Staates – der Staat des Elends
Praktische Interventionen: Wieder Frühling in Paris; Brecht die Vorherrschaft der Technokraten!; Warnung vor dem Modell Tietmeyer; Politik und Medienmacht; Für eine Politik der Moral in der Politik

VSA-Verlag
St. Georgs Kirchhof 6
20099 Hamburg
Tel. 040/28 05 05 67
Fax 040/28 05 05 68

VSA: Standorte